全国教育科学"十一五"规划
2010年度教育部重点课题(DHA100260)研究成果

表现学习研究

肖龙海　著

ZHEJIANG UNIVERSITY PRESS
浙江大学出版社

前　言

　　大约 10 余年前，我有幸与盛群力教授一起参与浙江省富阳市富春三小有关"小学生创新人格发展"的校本课题研究。在研究的过程中，经过与实践工作者的多次反复对话，生成了一个全新的命题"表现即创新"——倡导学会表现。我好像发现了自己研究领域的"新大陆"一样，一方面不断追踪国际课程与教学领域的有关研究成果，另一方面不断深入课堂一线和课题组的诸位老师，一起边研究边实践边总结与反思，取得了一系列初步研究成果。随后，我又继续不断地反思与研究这个问题，并且把自己博士论文的选题聚焦于"表现学习"这个论题，进一步提炼、总结前期有关研究成果，同时加强教学理论发展历史以及学习理论发展趋势的研究。

　　探究的经历是漫长而复杂的，既有预先的假设与路径选择，又有各种变化与不确定性；既有驰骋想象的快意，又有迂回不前的彷徨；既有成功收获的喜悦，又有失败挫折的迷惘……酸甜苦辣，切身体味，丰富人生体验，汲取前行力量。感谢一路有你。"表现学习研究"之所以能够坚持、坚持再坚持，一路上得到很多人的支持、关心与帮助。"表现学习"研究方向以及结构包括有关研究内容，都凝聚了导师方展画教授的睿智与博学，特别是在遇到困难与挫折的时候，导师给了我很大的支持与鼓励，激励我继续前行。裴文敏教授自我攻读硕士学位起就一直关心、指导我的"为人为学"，导师的殷切期望与谆谆教诲给了我莫大的鼓励与前进的动力；盛群力教授自始至终都一直关心我的工作、学习以及研究。"表现学习"研究以及我的一些其他研究项目都得到盛群力教授的悉心点拨与学术引领。对他们无私的教诲与热心帮助，致以最衷心地感谢！

　　我还要衷心感谢浙江大学教育学院三任院长、博导田正平教授、周谷平教授和徐小洲教授对本研究以及本人工作、学习的关心、支持和热情鼓励；感谢博导刘力教授、刘正伟教授、吴雪萍教授、魏贤超教授以及祝怀新教授的热心帮助和大力支持；还要感谢刘徽博士、副教授和屠莉娅博士、讲师的无私帮助；还要感谢与我多年合作研究的富春三小陈玉海校长以及参与课题研究的诸位教师，他们的经验、思想与智慧丰富了我的学术与人生。我还要特别感谢我的妻子和女儿，她们极大地支持我的学习与研究工作。还有太多我要感谢的人，在此虽然没有一一提到他们的名字，但我会带着一颗感恩的心，继续前行，不断求实与创新。

肖龙海

2012.2

目　录

第一章　导　论 …………………………………………………… 1

第一节　研究背景及意义 ………………………………………… 1
　　一、研究背景 ………………………………………………… 1
　　二、研究意义 ………………………………………………… 3
第二节　研究基础 ………………………………………………… 5
第三节　研究思路和方法 ………………………………………… 9
　　一、研究思路 ………………………………………………… 9
　　二、研究方法 ………………………………………………… 10

第二章　表现学习的教学范式 …………………………………… 12

第一节　西方学与教的基本范式 ………………………………… 12
　　一、教本位的教学范式 ……………………………………… 14
　　二、学本位的教学范式 ……………………………………… 18
　　三、对话本位的教学范式 …………………………………… 21
第二节　表现学习的教学范式 …………………………………… 24
　　一、真实性情境 ……………………………………………… 25
　　二、互动性过程 ……………………………………………… 29
　　三、展示性评价 ……………………………………………… 33

第三章　表现学习的价值取向 …………………………………… 37

第一节　学习理论的三大阵营 …………………………………… 37
　　一、行为主义 ………………………………………………… 37
　　二、认知主义 ………………………………………………… 40
　　三、人本主义 ………………………………………………… 42
第二节　表现学习的价值取向 …………………………………… 44
　　一、客观与主观的统一 ……………………………………… 46
　　二、智力与非智力因素的统一 ……………………………… 48
　　三、个体与集体的统一 ……………………………………… 51
　　四、内化与外化的统一 ……………………………………… 54

第四章　表现学习的基本要义 …………………………………… 57

第一节　表现学习的理念 ………………………………………… 57
　　一、儿童是天生的表现者 …………………………………… 57
　　二、学生是表现的中心 ……………………………………… 59
　　三、教师是表现的促进者 …………………………………… 63
第二节　表现学习的内涵与特征 ………………………………… 66
　　一、表现学习的内涵 ………………………………………… 66
　　二、表现学习的特征 ………………………………………… 72
第三节　表现学习的价值 ………………………………………… 75
　　一、创新教育的基本任务 …………………………………… 75
　　二、表现学习的价值 ………………………………………… 76

第五章　表现学习的结构框架 …………………………………… 80

第一节　表现学习的结构元素 …………………………………… 80
　　一、表现学习结构的提出 …………………………………… 80
　　二、表现学习的结构元素 …………………………………… 82
第二节　表现学习的基本策略 …………………………………… 94
　　一、创设"表现"氛围，让学生愿表现、乐表现 …………… 94
　　二、点拨"表现"行为，让学生会表现、善表现 …………… 95
第三节　表现学习的基本原则 …………………………………… 97
　　一、师生共享学习的权利 …………………………………… 97
　　二、优化组合学习方式 ……………………………………… 99
　　三、为"表现"而设计教学 ………………………………… 105

第六章　表现学习的行动研究 …………………………………… 114

第一节　问题的提出 ……………………………………………… 114
　　一、课题的由来 ……………………………………………… 114
　　二、表现学习的思考 ………………………………………… 116
第二节　研究的构想 ……………………………………………… 117
　　一、研究设想 ………………………………………………… 117
　　二、研究目标 ………………………………………………… 118
　　三、研究内容 ………………………………………………… 118
第三节　研究的过程 ……………………………………………… 119
　　一、操作原则 ………………………………………………… 119

　　二、操作策略 ·· 120

　　三、主要环节 ·· 120

第四节　研究措施与行动 ·· 121

　　一、转变观念,课堂实践表现学习 ··························· 121

　　二、拓展时空,课外实施表现学习 ··························· 142

　　三、以评促表,评价引导表现学习 ··························· 147

第五节　研究的评估与反思 ······································ 151

　　一、研究的成效分析 ·· 151

　　二、研究的结论与反思 ······································ 153

第七章　结　语 ·· 155

参考文献 ·· 158

第一章 导 论

第一节 研究背景及意义

一、研究背景

(一) 我国新课程改革需要

我国新一轮基础教育课程改革是我国进入新世纪以来在教育领域进行的一次重要创新与探索,是教育领域在新时代产生一系列复杂而深刻变革的生动体现。这次课程改革承载着中华民族伟大复兴的历史重托,肩负着促进每一个学生全面发展的光荣使命,对促进社会进步以及个人主动发展都具有重要而深远的历史影响。

其中,学习方式的变革是这次新课程改革的核心之一。而学生学习方式的变革又是教师教学方式变革、评价方式变革的出发点和依据。学生学习方式变革的实质是建立与时代发展相适应的新的学习方式、思维方式、生活方式和生存方式。

1999 年,中共中央国务院颁布《关于深化教育改革全面推进素质教育的决定》(简称《决定》)强调指出,要端正教育思想,转变教育观念,面向全体学生,加强学生思想品德教育,重视培养学生的创新精神和实践能力,为学生全面发展和终身发展奠定基础。《决定》还明确指出:"继续重视基础知识、基本技能的教学并关注情感、态度的培养;充分利用各种课程资源,培养学生收集、处理和利用信息的能力;开展研究性学习,培养学生提出问题、研究问题、解决问题的能力;鼓励合作学习,促进学生之间相互交流、共同发展,促进师生教学相长。"[①]2001 年 6 月,教育部印发了《基础教育课程改革纲要(试行)》(简称《纲要》)。《纲要》明确指出,要改变课程实施过于强调接受学习、死记硬背、机械训练的现状,倡导学生主动参与、乐于探究、勤于动手,培养学生收集和处理信息的能力、获取新知识的能力、分析和解决问题的能力以及交流合作的能力。《纲要》还明确指出,在教学过程中,要处理好传授知识与培养能力的关系,注重培养学生的独立性和自主性,引导学生质疑、调查、探究,在实践中学习,促进学生在教师指导下主动地、富有个性地学习。[②] 新课程强调要努力转变学生的学习方式,教师要改变教学过程中过分依赖

---

① 中共中央国务院《关于深化教育改革全面推进素质教育的决定》,中发[1999]9 号.

② 教育部《基础教育课程改革纲要(试行)》,2001.

教材的现状,尊重学生的人格,关注个体差异,满足不同学生的学习需要,创设能引导学生主动参与的教育教学环境,鼓励学生对书本的质疑和对教师的超越,赞赏学生独特和富于个性化的理解与表达,爱护学生的批判意识和怀疑精神,激发学生的学习积极性,培养学生掌握和运用知识的态度和能力,使每个学生都能得到充分而主动的发展。

(二)国际课程与教学发展趋势

当今国际领域课程与教学改革中已经将关注的目光从求知转向表现,包括认知学派强调的"业绩表现"与建构主义强调的"真凭实据评价"。在美国,自杜威最早倡导并实践"做中学"以来,到1991年,"动手做"(hands on)已成为新的科学教育标准中儿童学习科学的主要方式。学科学是学生们要自己实践的事,学科学是一种过程,学生只有在解决实际问题的过程中,通过亲身经历概念与过程的相互作用后,才能真正理解科学;通过"做科学",在参与问题解决、参与做计划、参与决策、参与小组讨论、参与评价的过程中,学生们将所掌握的科学知识同他们从多种渠道获得的科学知识联系起来,并把所学知识应用到新的问题情境中去。

1994年,法国人又将美国的hands on引进法国学校使用。法国国民教育部派出了以诺贝尔物理奖获得者夏帕克教授为首的代表团,专程到美国考察勒德曼博士在芝加哥进行的"动手做"的科学教育改革和在加利福尼亚进行的类似的改革。回法国以后,夏帕克博士写到:在教室里,人们为学生表现出这一阶层少有的求知欲、好奇心和全身心投入而感到震惊,教育质量无可挑剔。他建议在法国小学里进行类似的科学教育改革。这一建议得到了法国国民教育部和法国科学院的支持。取名为"La Main a la Pate(LMLAP)"的科学教育改革从此在法国起步。在法国,"做科学"取得了十分明显的成效,学生成为学习的主人,改变了教学过程中学生的行为和态度,教师成为学生学习的引导者,改变了教师在教学中的行为和态度。夏帕克博士总结说:我们不仅在培育学生学习的方法和态度,也在培育他们对待生活的方法和态度。

1996年1月,国际21世纪教育委员会在印度新德里通过了一个历史性文献,即向联合国教科文组织提交了报告《学习——内在的财富》。该委员会主席雅克·德洛尔系法国前经济和财政部长、前欧洲委员会主席。在报告中,由15名政治家、科学家、经济学家、教育家提出了现代教育四大支柱的重要见解,即学会求知、学会做事、学会做人、学会共处。这四种学习将是每个人一生中的知识支柱:学会求知,即获取理解的手段;学会做事,以便能够对自己所处的环境产生影响;学会共处,以便与他人一道参加所有活动并在这些活动中进行合作;最后是学会做人,这是前三种学习成果的主要表现形式。他们写道:

"下一个世纪将为信息的流通和储存以及为传播提供前所未有的手段,因此,它将对教育提出乍看起来近乎矛盾的双重要求。一方面,教育应大量和有效地传授越来越多、不断发展并与认识发展水平相适应的知识和技能,因为这是造就未来人才的基础。另一方面,教育还应找到并标出判断事物的标准,使人们不会让自己被充斥公共和私人场所、多少称得上是瞬息万变的大量信息搞得晕头转向,使人们不脱离个人和集体发展的方向。可以这么说,教育既应提供一个复杂的、不断变动的世界的地图,又应提供有助于在这个世界上航行的指南针。"①

国际 21 世纪教育委员会还指出,在走向未来的今天,我们已经不能再像过去那样简单地理解学会做事的含义就是为了培养某人去从事某一特定的具体工作,使他参加生产某种东西。在未来高度技术化的组织里,我们需要一种主要是基于行为表现而非基于知识的新型资格。学会做事与职业培训问题的联系更为紧密,例如如何教会学生实践他所学的知识?还有在不能完全预计到未来工作变化的情况下,如何使教育与未来的工作相适应?如何学会有效地应付变化不定的情况?如何参与对未来的创造?等等。一般而言,学会做事除了继续学习从事一种职业外,从更广的意义上来说,还必须获得一种能力,这种能力使其能够应付各种情况,其中包括某些预料不到的情况,能促进集体劳动。可以说,就这是在目前的教育教学中被严重忽略的一个方面。

近年来新出现的"任务型学习"、"项目学习"以及"问题解决学习"等也都反映出这种课程与教学的新转向。表现学习正是在此背景下出现在我国教育教学领域的一种新的学习理念。

二、研究意义

(一)在我国文化传统中,"外秀"往往受压抑

我国文化传统似乎历来存在着一种倾向,那就是接受"内秀"压抑"外秀"。通常而言,一个人的言语或行为,收敛一些总比张扬要好。像"枪打出头鸟"、"出头椽儿先腐烂"、"述而不作"、"讷于言敏于行"、"不偏不倚"等等,无不是这种价值取向的一些很形象的说法。在现实生活中,我们习惯于消极等待、被人发现、被人启用,用大部分的时间"乞求"机遇的到来,"乞求"这世上能多一些伯乐,而羞于自我推销,自告奋勇;我们也习惯于耗费许多时间去慢慢地了解一个人的"内秀",并深信只有"日久"才能"见人心",而难以欣赏和接受一个人的直白与外露;我们对于一个自我评价低一点的人往往抱有一种"谦虚"的好感,而对于一个自我评价高一点的人则大多喜欢斥之为是骄傲自大,等等,不一而足。

---

① 联合国教科文 21 世纪教育委员会.学习——内在的财富[M].北京:教育科学出版社,1998:75.

（二）在目前课程体系中，学生的表现力培养被忽视

在现行教育课程中，机械封闭的教学方式，唯智是举的教育倾向，缺乏关爱的教育环境，忽视生命成长的教育行为等现象普遍存在，这在很大程度上阻碍着学生表现意愿与能力的发展。具体来说，教师知识教得扎实，对学生的思维、情感等方面却很少关注；教师注重学习结果，而忽视学习过程，且结果也求与教师同一，忽视学生的思维发散；学生学得认真，学得用功，却总有一种说不出的压抑感，学习对学生来说好像不是件快乐的事儿；学生在学习中虽然努力完成教师的任务，但很少有自己做主的机会，很少有表达真情实感的机会；学生自主探究与表现的天性也大大受到遏制，缺乏生命的活力；等等。

（三）表现力是现代人不可或缺的一种基本素质

在现代社会发展进程中，"表现"作为一种观念和行为已越来越受到人们的重视。"表现"不仅是为了张扬个性，也是为了打造优秀的自我。表现力主要是指主体展示自我、发展自我、增强自我的一种能力。我国传统文化和教育中那种鄙视"表现"，认为"表现"就是炫耀自己的思想已不适应时代的发展。现代社会生活节奏加快，信息量剧增，人们在提高生活质量的同时更追求精神上的愉悦，所以，人们强调把握机会，强调实现自我，实质上也就是强调表现。不善表现、不会表现的人，消极等待、被动适应的人，失去的不仅仅是一次张扬个性和开放自我的机会，更是一次追求卓越、实现自我和完善人格的机会。现在人们提倡自我推销、挑战主持人、"我能行"等，就是通过"表现"展露自我，增强自信，树立新的自我概念，这是具有积极意义的。表现能力是各种能力的运用、展现，培养学生的表现能力，能够刺激、引发、带动各种能力的发展，还能够促进非智力心理素质的发展。表现力基本可以分为两类：语言表现力和操作表现力。就语言表现力来说，它是观察、记忆、思维、阅读、创造等能力的一种运用、一种外显、一种表现。观察了、记忆了很多东西，表达出去得到人们的理解和欣赏，就会更注意观察和记忆；因为思索，就有思想，表达出去就可以更有兴趣地思索，感到思索的幸福。这样就可以形成一种良性的循环，从而促进其他能力的进一步发展，有利于开发学生的潜能。因此，学生的表现力在学生的成长过程中起着至关重要的作用。要"表现自己"，还意味着要有与人交流、沟通和评价的能力。就青少年而言，就是要学会真实、准确、清晰地表述自己的观点，学会耐心倾听和包容他人的意见，学会全面、科学地评价事物的相关技能。而这种能力，恰恰是参与科学探究学习活动所必须具备的，也是现代人所必须具备的。"表现力"已成为现代人不可或缺的一种基本素质。而这种素质的形成不是一蹴而就的，它需要从娃娃抓起，需要学校进行长期培养。

（四）表现力滞后影响创新人格的发展

表面上看，表现力滞后仅仅是学习主动性不够：不善表现，学生就不能很好地将所知所会展示给大家，张扬不了自己的个性和特长，体验不到自己存在的状态和价值;不善表现,学生就很难融入到集体活动中,感受不到集体的智慧和魅力;表现力落后的学生会觉得自己很糟糕,看不起自己,容不了别人,在学习和生活中会不负责任。

表现力滞后实质上影响着学生创新人格的发展。因为创新,于学生来说,是不断追求新意、尝试冒险和体验成功的过程,创新是一种与众不同的表现,是建立在表现力基础之上的。学生的表现欲受好奇心的驱使,具有求奇、求变的创新倾向。如果我们对儿童的某些好的方面给予肯定和表扬,哪怕只是点点头、笑一笑,都会使儿童感到满足和受到鼓励,从而增强儿童的表现能力和欲望,为有效地学习知识和发展创造能力奠定情感基础。心理学研究表明,儿童的表现欲与性格特点及发展有关,性格外向的儿童胆子大,表现外显;性格内向的儿童胆子小,表现内隐。在教育教学过程中,我们根据学生的性格特点对他们的表现欲进行正确引导:对外向型的学生,不可任其表现欲无限度膨胀,热衷于自我表现,以免滋生虚荣心理;对内向型的学生,则应激发其表现欲,鼓励他们大胆表现自己的才能、展示风采,让他们在实践中品尝到自我表现的乐趣,增强表现欲。因此,表现自我能促进学生性格及其创新人格的发展。反思学校师生尤其是学生表现现状,我们认为表现的背后隐含着"以人为本"或"以学生发展为本"的教育问题。就目前现状而言,我们的教育压抑着学生的表现、压抑着学生的个性、忽视着学生的生命,以致我们的教育在把学生培养成为思维独特、个性鲜明的人才道路上举步维艰。

第二节　研究基础

有关资料库的搜索结果表明,表现学习的研究大量涌现于20世纪90年代以后。尽管早先已经有许多教育家对于"表现"等概念有过相关的论述,比如苏霍姆林斯基就曾探讨过学生的"表现"尤其是"自我表现",他认为,学生的"自我表现",即指学生"内在本质的表现",学生"个人的天赋、才能和倾向的显示"。苏霍姆林斯基认为,学生的自我表现在教育中有着非常重要的意义。首先,学生的表现是学生精神生活充实、生活快乐和幸福的条件;第二,自我表现是使学生乐学并成为一个"可教育的人"的条件;第三,学生的表现是促进其个性发展的基础。因此苏霍姆林斯基认为,教育的关键就是要提供多种多样的领域和机会,使每个学生都能找到最适合自己性向的方面,从而表现出自己的天赋和才能。[①] 也就是说,教育就是要表现学生内在的本质。

"表现学习"的研究在20世纪90年代成为国内外的一个研究热点。这与20

---

① 陈佑清.关于苏霍姆林斯基论学生表现问题的分析[J].湖北大学学报(哲社版),1994(6):118-119.

世纪 90 年代的"大脑 10 年"运动,以及多元智能理论、成功智能理论、建构主义理论的兴起和盛行有密切的关系。美国学者迈克·希贝尔得(K. Michael Hibbard)等人认为,教育的意义即在表现,表现可以达成学生的知与用之间的平衡,如图 1.1 所示。

回忆	分类
确认	比较
列表	分析
匹配	评价

外显	内隐

图 1.1　所知与会用的平衡

他们认为表现学习和评估是通过有意义的、学生专注于完成表现性任务活动,来获取、应用知识技能以及培养学习习惯的一系列学习策略;美国学者杰夫(Jeff W. Durham)指出,绝大多数人都会同意表现学习是一种在环境中做什么事的学习方式;在美国密苏里州的"名校法案"(Outstanding Schools Act)中,虽然没有有关表现学习的明确界定,但是,该州教育目标在重视知识和技术基础的同时,强调能够把自己的知识运用于实际生活情景也是同样重要的。活动、动手学习有益于各个年龄阶段学生的发展。其中提出的有关"表现性目标"就是指提出需要学生从事的活动,它描述的是学生的心理感受、体验或明确安排学生表现的机会。

与表现学习有关的任务型教学的本质特征,有研究者做过概括:[1]强调通过用目的语互动学会交际;将真实文本引入学习环境;为学习者提供不仅关注语言,而且关注学习过程的机会;增强学习者个人经历作为重要的、促进课堂学习的要素的作用;努力使课堂语言学习与课外语言激活起来。

美国研究者布茨等人(Burz, H. L. et al)运用表现学习原理对学科课程进行了设计,主要有表现学习的语言艺术、数学、社会研究、科学、音乐与视觉艺术等。国外有学者提出,表现学习活动是以问题为中心的、有五个步骤构成的一个学习循环圈。[2] 这五个步骤是:①获取信息;②解释意义;③生成表象;④展示成果;

---

[1]　Nunan D. Designing Tasks for the communicative Classroom [M]. New York: Cambridge University Press, 1989.

[2]　Helen L Burz. Performance-based Curriculum Kit[M]. Thousand Oaks, Calif.: Corwin Press, 2004.

⑤评价结果。

美国学者梅里尔提出"五星教学原理"，其教学结构有五个环节15个要素组成，与表现学习结构颇有类似之处。[①] ①聚焦解决问题（交代学习任务、安排完整任务、形成任务序列）。②激活原有知识（回忆原有经验、提供新的经验、明晰知识结构）。③展示论证新知（紧扣目标施教、提供学习指导、善用媒体促进）。④尝试应用练习（紧扣目标操练、逐渐放手操练、变式问题操练）。⑤融会贯通地掌握（实际表现业绩、反思完善提高、灵活创造运用）。关于任务型教学的实施过程，斯坎翰概括如下几条：[②] ①意义是首要的。②有某个交际问题要解决。③与真实世界中类似的活动有一定关系。④完成任务是首要考虑的。⑤根据任务的结果评估任务的执行情况。上述学习过程的理论基本上是建立在信息加工理论基础之上，输入—加工—输出—反馈，几个环节循环往复，不断提高发展，是它们的共同特点。

布茨等人提出了表现学习的一种设计结构，主要有如下一些内容：①核心问题："核心问题"是指能体现关键技能，核心知识，情感态度，表现任务，与教学的重点、难点有关的问题，它统整教学目标，需要师生着力去探究，即"牵一发而动全身"的问题。②关键技能、核心知识、情感态度：这三项相当于我国新《课程标准》中"知识和能力、过程和方法、情感态度和价值观三个维度"的课程目标。这与我国新《课程标准》中的三维目标一致。③表现任务："表现任务"单独列出，首先在于它不仅突出"表现"这一特色，更表明"表现学习"设计重视学生的学习过程和方法，着眼于教师指导下学生自主探究的学习过程，强调"以人为本，着眼于学生的成长需要，即自我实现"，以及着眼于学生的发展性学力和创造性学力的培养，促进人的发展。在表现任务表述时，首先，对行为动作的要求更为明确、具体，操作性更强；其次，"表现任务"可以从范围、层次、程度、性质（如拓展、巩固、发展、创造……）等方面考虑，还可分出课内、课外不同的任务，不同任务间的区别，体现课程与教学的开放性。④评价标准：这里的"评价标准"与"表现任务"有密切的相关性，它主要评价"表现任务"完成得怎样，并以学生的外化表现为判断标准。美国学者比尔·约翰逊有专门关于"表现性评价"的专著《学生表现评定手册》。[③]

对于表现学习，国内自20世纪90年代以来也开始陆续有研究者展开研究，比如国内有学者提出，自我表现在当代的意义及其价值功能在于以下几个方

---

① Merrill M David. A Pebble in the Pond：Model for Instructional Design[J]. August 2002，Performance Improvement，Volume 41，Number 7，pages 39—44.

② Skehan P. A cognitive approach to language learning. Oxford University Press，1998.

③ ［美］比尔·约翰逊著. 学生表现评定手册——场地设计和前景指南. 李雁冰主译. 上海：华东师范大学出版社，2001.

面：①个体保持心理平衡与心理健康的需要，个体完善自我、发展自我的需要，人际互动、和谐交往的需要，社会创造与进步的需要。也有研究者认为，表现即创造，学会表现是学生创新人格形成与发展的聚焦点。② 表现性课堂教学是以学生为中心并基于大脑科学研究的新启示、问题/任务驱动、按主题大单元进行教学。有研究者探讨了表现机制与心理基础。③ 研究认为由表现欲转化为表现行为，其心理活动受一定的机制制约：要有值得表现的内容、要有表现的机会、要掌握正确的表现方法。表现的心理机制在于人本主义心理学中"自我实现"的动机原理。人本主义心理学认为，学生具有学习潜能并具有"自我实现"的学习动机，因此，教师不是要学生怎样学，而是提供学习手段、营造学习环境，由学生自己决定怎样学。

国内外关于表现性评价的研究成果较多，有代表性的是：伍岳、陈晓玲的《表现性评价及其实施方略》，马云鹏的《数学学习中的表现性评价》，刘淑杰、王静茹的《一种可借鉴的评价方法——表现性评定与档案袋评定的结合》，赵德成的《表现性测验及其在中小学课堂评价中的应用》，符太胜、舒国宋的《表现性评价：自主、合作、探究学习方式的选择》，王斌兴的《论新课程实施中学生表现性评价》，王燕春、张咏梅的《表现性评定的利弊及启示》，胡小萍的《表现性评价的设计与实施》，雷彦兴、李香山的《电子档案袋的开发——为表现性评定插上技术的翅膀》，蔡俊的《试析学生实验的表现性评定等等》。此外，有几篇硕士、博士毕业论文是研究表现性评价的。如：北京师范大学张咏梅的博士论文《表现性评定及其对数学自我效能感、数学问题解决能力的影响》、华南师范大学杜炫杰的硕士论文《高中信息技术课程表现性评价活动支持系统的研究》、南京师范大学魏婷的硕士论文《以评价促进学生发展——信息技术课程中表现性评定应用研究》、东北师范大学杨琳的硕士论文《小学数学表现性评定开发的行动研究》。

这些研究论文主要阐述的是表现性评价的内涵，如认为表现性评价是对内在能力或倾向的行为表现进行评价、表现性评价是对能力（倾向）表现的直接评价、表现性评价是真实性评价、非传统评价等；表现性评价的特点主要在于评价时要求学生演示、创造、制作或动手做某事，要求激发学生高水准的思维能力和解题技能，使用有意义的教学活动作为评价任务，唤起真实情景的运用，人工评分、人工评判而不是机器评分等，要求教师在教学和评价中担任新的角色；表现性评价的设计要点是，确定评价内容和评价标准、设计表现性任务等；表现性评价的形式主要有演示、实验与调查、科研项目、口头描述与戏剧表演、作品选集等；以及如何在

---

① 胡江霞.论自我表现的时代意义及对表现力的培养[J].教育研究,2001(10):31—32.
② 盛群力,肖龙海等.论倡导学会表现[J].课程·教材·教法,2001(9):24.
③ 周思源.表现欲与表现机制[J].北京师范大学学报.1993(6):90—91.

各门学科中实施表现性评价的一系列问题。这些研究中也涉及到表现性评价的优点与不足之处。优点在于有助于阐明学习目标、可以评价学生"做"的能力、注重知识技能的整合与综合运用、与教学活动有密切联系；缺点主要有高质量的表现任务与评分办法难以编制、表现性评价的实施比较困难、难以评价学生在其他表现性任务上的迁移能力、不能评价所有类型的学习目标等等。

近几年来，在国内也有结合具体的学科，进行"表现学习"实践的，比如在小学数学、中学数学、中学物理、小学语文等学科课堂教学中进行了有益的尝试。[①] 有研究者曾经对小学语文、数学、科学、音乐、体育、美术、信息技术等学科开展过有关行动研究，尝试学科教学中实践表现学习，取得了明显研究效果。[②]

综观国内外的研究成果，国外研究者对表现学习与评估的概念、结构、特征以及实际操作，如基于表现的课程开发、表现性评价等作了一定的探讨；国内研究者侧重于引进介绍、结合学科教学尝试应用做了大量探讨；但从学习理念、方式、策略乃至模式的角度来研究表现学习，以及结合具体的学科对表现学习进行深入实践和系统的行动研究尚欠，本研究力图在现有国内外研究的基础上，结合中国本土的教学和课程改革实际，进一步梳理和整合、提炼现有的研究成果，在此基础上对表现学习的有关教学范式、表现学习理论的价值取向、表现学习的基本要义、表现学习的结构框架等进行比较系统的研究，同时开展表现学习的行动研究，并评估表现学习行动研究的成效。

第三节　研究思路和方法

一、研究思路

表现学习理论与实践研究属于应用理论研究，在国内外有关研究文献分析的基础上，形成有关表现学习的内涵以及操作框架，然后进行教育行动研究以验证与局部推广研究的有关结果，努力建构表现学习的理论以及实践操作体系。同时，本研究还以比较研究、教育统计等其他研究方法为辅进行研究。研究的基本思路如下：

(一)教学理论与教学实践研究相结合

教育教学理论研究与实践的分离是我国教育教学研究的一个突出现象。理

---

① 赵连城.表现欲与数学学习[J].数学教师.1996(4). 唐森.如何激发学生在英语教学中的表现欲[J].宁夏教育，2004(11). 赵强.用表现学习活动提升物理课堂的品质[J].物理教学探讨,2006(1). 孙惠芳.让学生的表现欲望无限舒张——我教《詹天佑》[N].中国教师报,2003-08-05.

② 肖龙海.小学生表现性学习探索[M].科学出版社,2005.

论研究十分活跃与"繁荣",几乎与欧美发达国家同步,但教学实践领域可以说百年没有多大的实质性变化,一直局限于传统的教师讲授教学,以考试和强化训练为主。我们从教学理论研究出发,发挥专业人员专业引领的作用,与一线教师深度合作,开展日常课堂教学行动研究活动,教学研究过程与教学实践过程相结合。

(二)一般教学论与学科教学论相结合

任何教育教学理论或任何教育改革方案如果不能在学校课堂教学情境中被应用、或者说被实践,都是毫无意义的。学科教学论是一般教学论的"脚",没有这双脚是很难进入课堂情境的。本研究不停留在一般教学论层面,而是把表现学习的一般理论与中小学学科教学论、教学实践结合起来。

(三)本土化与国际化相结合

近30年来我国直接翻译、介绍引入很多国外有关教育教学理论,给我国教育教学理论与实践带来了很多新思想、新概念和新方法。但是,仔细考察与分析之后就会发现,真正能用于我国中小学课堂教学实际的是少之又少。本研究以我们自己多年的前期研究成果为基础,同时汲取国外有关最新研究成果的精华,在有关中小学开展教育行动研究,进一步总结概括、提炼出切合我国课堂实际的理论与操作体系。

(四)理论研究与应用推广相结合

边研究,边行动,边总结,边推广,把基于实际教育教学情境研究中得出的理论认识与操作体系,采用以点带面、滚动推进的办法,扩大研究对象与范围,用更大范围内的新一轮实践来检验前期表现学习与教学的理论成果。

二、研究方法

本研究的主要研究方法有:

(一)理论研究

理论研究是对复杂教育问题的性质和相互关系从理论上加以分析和综合,抽象和概括,以发现其内在规律或一般性结论。本研究主要对表现学习内涵、特征、结构、策略等内部关系及规律进行抽象概括,并形成课程与教学实践框架,以开展教育教学行动研究。在理论研究中,具体使用文献法、统计法、列表法等。

(二)行动研究

教育行动研究是在学校环境下以改进教学为基本目的的一种应用研究。本研究根据表现学习的设想或假说,针对学校教师教学中实际存在的抑制学生表现意识与能力发展的一些问题,在专业人员的专业引领下,找出问题产生的原因,制定解决问题的有关方案,积极施加一定的干预因素,有计划地在学校进行表现学习的实践活动,然后利用测量和统计的方法以权衡表现学习教育行动研究的结果。表现学习的行动研究是理论应用于实际的一种尝试,以加深对表现学习理论与实践的认识。

(三)比较研究

比较研究是按照一定的标准对有关事物对照分析,以确定其共同点和差异点,共同规律和特殊本质,从而得出符合客观实际的结论。通过比较研究,追踪、把握国际课程与教学领域有关表现学习的理论与实践发展的最新成果以及动态,为本研究提供国际视野与理论支持。同时,在一定时间、条件下,通过对表现学习与其他学习方式尤其是有关学习方式的比较分析,来揭示表现学习的一般性特征。

同时,在研究中还要运用历史研究、文献研究、测量统计等研究方法与手段。

第二章 表现学习的教学范式

第一节 西方学与教的基本范式

"范式"是一个来自希腊语的动词,原意是"一个接一个的展示"。它是美国科学史家、科学哲学家托马斯·库恩(Thomas Samuel Kuhn,1922—1996)在提出和阐述他的历史主义科学观的过程中使用的一个基本概念。他说:"我所谓的范式(paradigm)通常是指那些公认的科学成就,它们在一段时间里为实践共同体提供典型的问题和解答。"[①]此后,范式一词通常用来表达被科学研究群体所公认的一套有关该科学的基本概念、原理、方法规范及基本方法与工具,它包含着必要的本体论承诺。在西方社会科学研究领域,大家普遍采用范式这一概念,用来指人们建立在本体论、认识论和方法论基础之上的对事物基本的概括或基本看法的体系。具体而言,范式也可以被看做是人们看待与处理特定领域内的一种现象或一系列问题的基本原理。[②] 一般范式的基本特点是:①范式在一定程度内具有公认性。②范式是一个由基本定律、理论、应用以及相关的仪器设备等构成的一个整体,它的存在给科学家提供了一个研究纲领。③范式还为科学研究提供了可模仿的成功的先例。

范式一词不仅是指人们概括事物的方法,而且包含了人们认识事物的价值、态度以及与之相适应的实践活动。在科学研究领域里,范式具有形而上的世界观与方法论意义。它的意义和功能主要在于:[③]首先,范式是开展科学活动的基础;其次,范式起到世界观和方法论的作用;第三,范式同时又是实用的工具(提供具体的解题方式)。

"教学范式"(teaching paradigm)是人们对教学这一特殊的社会现象和复杂的实践活动最基本的观点。具体来说,它是指教学人员及研究群体共同持有的信念,并在其支配与指导下对教学活动的基本规范以及结构框架的共同认识。教学

---

① 托马斯·库恩著,金吾伦,胡新和译.科学革命的结构[M].北京:北京大学出版社,2003(序):4.

② 陈晓端.当代教学范式研究 [J].陕西师范大学学报(哲学社会科学版),2004(5):113—118.

③ 金吾伦著.托马斯·库恩[M].(台湾)远流出版公司,1994:65—69.

范式不是个别人的理解与认识，也不是个人的思想体系，而是教学共同体成员（包括理论与实践方面）在一定时期的一种理想信念与思想观点体系；对教学的理论研究以及实践活动都有一定的显性或隐性的规约作用。教学范式的一般结构可以分为两个层面。第一个层面是对教学活动结构的形式抽象。从本体论的角度，教学范式要回答教学的形式和本质是什么的问题；在认识论的层面，则要探询的是在教学过程中所产生的各种关系问题；从方法论的角度，是要阐明教学过程的逻辑，以及怎样保证教学是有效的问题。第二个层面是与教学的实践过程相对应，即对教学范式在具体实践中的影响，如方法规范及基本方法与工具，对知识的理解，教学的方式的选择以及具体方法的应用，并在此基础上所形成的教学文化（思维方式、价值观以及与之相适应的实践活动）。①

教学是一种复杂的、理论与实践交织的社会现象。多伊尔（Doyle，W. ）曾从六个方面对教学的复杂性进行了具体的讨论与分析。他认为，人们之所以认为教学是一种复杂的活动，主要是因为教师在课堂中的任务不仅仅是向学生传授知识，而是要面对多维的工作任务、同时发生的课堂问题、刻不容缓的问题反馈、事件发生的不可预测性、活动的公开性和社会历史文化传统对教学的制约性。② 针对这种复杂的教学现象，教学范式是一个非常有力的概念工具。它不仅能够从认识论和方法论的高度来认识与理解教学的本质，还能够影响人们形成正确的教学思想和教学观念并科学指导人们的教学实践。"教学范式的作用就好像一系列教学透镜或教学信仰，它可以用来过滤或支配人们的主观意向和实际行动。"③

对西方教学范式的概括，研究者从不同的角度根据不同的标准得出不同的分类结果。有的分为两种：科学主义教学范式和人文主义教学范式；有的分为三种：接受范式、导学范式、对话范式；有的分为五种：艺术范式、科学范式、系统范式、能技范式和反思范式；等等。我们从学与教的基本关系入手来考察西方教学范式问题。教师的教与学生的学是教学理论中的一个基本问题。在西方教学理论发展的历史长河中，由于人们对教与学的关系认识不同，所以建立起来的教学理论体系也各异其趣、大不相同。因此，完全可以这么说，对教与学关系问题的科学认识，是整个教学理论体系的逻辑起点。纵观西方教学理论发展的历史，检视各个重要历史时期以及一些著名教育专家关于教与学关系问题的思想观点，我们基本上可明显地区分出三种教学范式——教本位、学本位、对话本位的教学范式。

---

① 叶增编. 教学范式的人文主义与科学主义[J]. 白城师范学院学报，2007(2)：95.

② Armstrong，D. G. et al . *Teaching Today：An Introduction to Education*[M]. New Jersery：Merrill Prentice Hall，2001.

③ Rosie Turner Bisset. *Expert Teaching ：Knowledge and Pedagogy to Lead the Profession*[M]. London ：David Fulton Publishers Ltd，2001.

一、教本位的教学范式

文艺复兴(14—16 世纪)运动是欧洲历史上文化和思想发展的一个新时代，是新兴资产阶级在意识形态领域中发动的反封建、反宗教神学、复兴古希腊和罗马文化艺术、追求人的解放的一场新文化运动。文艺复兴运动破除了对上帝的迷信，开始重视个人的价值，发扬人的自由意志和个性，肯定现世生活的幸福和享受，肯定人生而平等。人文主义教学思想由此产生，在教学上重视人文学科，重视儿童个性，注重情感陶冶以及重视教师作用等。[①]

18 世纪下半期，英国发生工业革命，到 19 世纪上半期，法国、美国、英国、德国也先后进入工业革命时代。工业革命促进了资本主义手工业向大工业的过渡，机器代替了人工，大工厂代替了小作坊，交通运输发达，城市人口集中，生产力得到空前发展。加之 15 世纪后期以来，自然科学的快速发展，大批科学技术发明成果的问世，大大促进了 18 世纪的工业革命。

大机器工业生产的需要又促进了当时自然科学的迅速发展。到 19 世纪，欧洲诸国先后进入资本主义社会，资本主义工商业的发展与繁荣，需要广泛的科学知识和技术。这种发展的新变化、新要求反映在教育上，就是要求普及教育，扩大教学规模，提高教学效率，培养大批掌握一定科学知识与技术的产业工人。在这样的历史背景下，教本位的传统教学理论范式逐步形成。"教师中心、知识中心、课堂中心"是这种教学范式基本特征，夸美纽斯(J. A. Comenius，1592—1670)、赫尔巴特(J. F. Herbart，1776—1841)的教学思想是其中杰出的代表。

(一)教师决定教学

在教本位教学范式中，教师是教学活动过程中的权威，居于绝对支配的地位，往往单方面、预先作出有关教学活动的决定。

教师是教学权威。在传统教学论者眼中，教师是知识的化身，是高高在上的绝对权威。赫尔巴特曾说："学习的内容、进度、方式方法、结果评价等完全由教师说了算。一时一刻也不要认为，放任儿童撒野，不予监督，不予教养，就能培养成伟大人物。"[②]"把教师放在教育世界的中心。"要素主义者认为教学过程是儿童"接受"、"默认"教师所灌输的社会遗产的过程，所以他们主张以教师为教学中心。他们认为教师是理智的模范，是有文化遗产常识的模范，是传统社会价值标准的模范。未成年人依赖成年人的教导、传授和训练，这是"人性"所固有的需要；教师作为成熟了的成年人来教导儿童比儿童自己指导自己"有资格得多"。所以，教师作出有关教学活动的一切决定是教师应尽的义务与责任。

---

① 田本娜主编.外国教学思想史[M].北京:人民教育出版社.1994:56—58.

② 张焕庭.西方资产阶级教育论著选[M].北京:人民教育出版社,1979:270.

教师激发学生"学"。教学作为一种特殊的社会实践活动,自有它的活动起点与终点,上下课的铃声并不是教学活动的起点与终点,它仅仅是开始或结束上课的信号而已。教学的起点在哪里、谁来启动教学活动过程?夸美纽斯认为儿童都具有求知的欲望,但求知欲是人的一种潜能,所以要运用某种手段去激发。"孩子们的求学的欲望是由父母、由教师、由学校、由所教的学科、由教学的方法、由国家的权威激发起来的。"[①]学生虽然具有学习的求知欲,这是教学活动的前提与基础,但是,学生的求知欲并不能自然而然地成为教学活动的驱动力量,而是需要教师运用自身的权威力量去激发、刺激学生的学习需要,驱动学生按照教师确定的步调进行学习。

教师预先作出有关学习的决定。课堂教学具体要达成什么样的目标,选择什么样的学习内容,运用什么样的学习方法,如何来评价是否达成教学目标,等等,诸如此类的有关课堂教学的决定一般是由教师根据教学纲要、教材等在课前预先决定好了的,学生往往是一个"局外者",他们不清楚自己到底要去哪里,怎样到达目的地,往往是跟着老师的步调"到此一游"而已。显然,学生的学习十分被动,难以发挥学习的主动性、积极性,很难有与众不同的精彩表现。

(二)教师讲授为主

教本位教学范式在教学形式与方法上,大多采取讲授法为主,教师讲,学生听,学生记;有时教师问,学生答;学生所要做的只是在教师的强制以及"牵引"下完成教师为他们预设的学习目标、任务、内容,亦步亦趋地走着所谓的学习知识的道路。

教学即教师教授。在西方,第一个倡导教学理论的德国教育家 W. 拉特克(W. Ratke,1571—1635)称自己的"教学论"是致力于探求"教授之术",是以"如何教"作为教学研究的中心。捷克著名的教育家夸美纽斯认为,教学论就是教学的艺术。夸美纽斯是教育由手工作坊式的封建农业时代进步到规模化的资本主义工业时代的理论代表。教育由封建农业时代发展到资本主义工业时代是一种进步,但这种进步本身包含着一个无法避免的问题——"我们希望,把一切知识领域中的精粹的总和灌输给他们的头脑。要使他们知道一切必须熟悉的东西,理解一切事物的原因,懂得一切事物的真正有益的运用……"[②]资本主义的规模化教育造成了学习目的与学习者的分离,学习者被对象化、被当作了学习的手段而失去了自身的目的,不再具有学习的自主性,学生的大脑仿佛成了盛装知识的容器。"把一切事物教给一切人类"是夸美纽斯的基本教学主张,也即教授、灌输的主张。

---

① 夸美纽斯著,傅任敢译.大教学论[M].北京:人民教育出版社,1984:107.

② 夸美纽斯.泛智学校[A].张焕庭.西方资产阶级教育论著选[C].北京:人民教育出版社,1964:43.

他的大教学论专注于教师如何"教授",如何"使"学生接受教师的灌输,而对学生自己如何学习的问题则未曾进行专门探讨。

教师教授的阶段理论。赫尔巴特的教学理论建立在实践哲学和心理学基础之上,实践哲学论证教育目的,心理学论证教育的方法和手段。由此,教学理论的发展向着两个方向展开,也即沿着"教"和"学"的两条路线发展。一条是从哲学的基本原理和思辨研究出发,重点论证"如何教"的问题;另一条是吸收心理学的研究成果,注重经验、实证层面的研究,力图实现教学的"心理学化",着重探讨"如何学"的问题。[①]

在赫尔巴特以前,有一些教育家提出适应自然的原则,赫尔巴特则认为人类最大的特征是其可塑性和适应性,教学不仅仅是适应自然,更要根据儿童心理发展规律来组织教学工作,有计划地把知识和品德通过讲授的方式传授给学生。他以观念心理学为基础,把多方面兴趣和培养学生注意力结合起来,提出了著名的"教学阶段理论"——一种典型的教师讲授理论:

首先是明了。教师应该运用言语提示法和分析法教学,使学生获得清晰的表象,为学习新知识做好准备。

其次是联合。教师运用谈话形式的分析法教学,使学生形成新旧观念的联合。

然后是系统。教师运用综合的教学方法,使学生新旧观念的联合系统化从而形成概念,即获得概念性知识。

最后是方法。教师运用练习法,让学生在练习中巩固所获得的新的概念性知识。

赫尔巴特的教学阶段理论是以教师讲授为特征的,学生处于一种接受教师传授知识的被动学习状态,他要求"学生对教师保持一种被动的状态",[②]学生学习的主动性、积极性和创造性得不到应有的发挥。

(三)教师传授知识

教本位教学范式的教学目标与教学任务是以接受、掌握知识为主,而且是以掌握大量书本知识为主,虽然也有发展能力的任务,但必须服从知识的授受。

接受知识是教学的基本出发点。夸美纽斯的泛智主义教学思想简而言之就是"把一切知识教给一切人"。"我们希望,把一切知识领域中的精萃的总和灌输

---

① 张天宝.试论教与学关系问题研究的三种范式及其未来走向[DB/OL]. http://www.fyeedu.netinfo45936-1.htm

② 赫尔巴特著,李其龙译.普通教育学·教育学讲授纲要[M].北京:人民教育出版社,1989:146.

给他们的头脑"①;赫尔巴特是近代主知论的代表,他的教学理论是以知识作为教学本位的一种教学流派。赫尔巴特提出教学的最高目的是培养有美德的人。美德的形成在知、情、意三者之中,以知为本。他认为儿童只有掌握了一定的知识,才能形成道德观念和行为。在他首倡的教育性教学概念中赫尔巴特强调教学是教育的基本途径,强调在传授知识的基础上培养学生的品德。

学生学习能力的发展服务于知识的掌握。夸美纽斯认为,要把一切事物教给一切人类,就必须发展学生获取知识的能力,他说"开发心智,使知识容易获得"。② 他区分了教学的两方面任务:掌握知识与发展能力;并且指出发展能力是为掌握知识服务的。所以他认为教学过程应该是"使孩子们先运用他们的感官(因为这最容易),然后运用记忆,随后再运用理解,最后才运用判断。这样才会次第井然;因为一切知识都是从感官的感知开始的;然后才由想象的媒介进入记忆的领域;随后才由具体事物的探讨对普遍生出理解;最后才有对业已领会的事实的判断,这样,我们的知识才能牢实地确定"。③

接受系统的书本知识。在赫尔巴特的主知主义教学思想中,他把知识看作是首位的,一切道德、情感等的发展都是建立在知识的基础之上。教学的最高目的是培养学生的德行,知识是形成一个人道德的基础,"无知便无德"。这里所说的知识是百科全书式的各个学科知识,而且以强调教科书知识为主,教学过程就是学生接受知识、接受训练的过程。在这个过程中,学生处于被动接受知识的地位。要素主义者主张选择具有"共同要素"的文化作品,按照逻辑系统编写教材,进行教学,使学生掌握系统的文化知识——书本知识,以培养学有专长的杰出人才。这才是教学的基本出发点或目标。④

教本位过于重视书本知识而轻视实践知识。知识是人类从实践活动中得来的,是对实际事物及其运动和变化发展规律的反映,知识本身具有丰富生动的实际内容,而表现它的语言文字则是抽象和简约的,知识是这两个方面的矛盾统一体,而学生所学的只是由语言文字所汇集成的书本知识,即教材。学生只记住一大堆干巴巴的文字符号,而没有理解其中的实际内容,这样的学习便是机械的学习,即记忆水平的学习。只有联系实际或通过实践活动来学习,才能达到意义学习、理解性水平的学习。

---

① 张焕庭.西方资产阶级教育论著选[M].北京:人民教育出版社,1964:43.
② 夸美纽斯著,傅任敢译.大教学论[M].北京:人民教育出版社,1984:83.
③ 夸美纽斯著,傅任敢译.大教学论[M].北京:人民教育出版社,1984:45.
④ 田本娜主编.外国教学思想史[M].北京:人民教育出版社.1994:353-355.

二、学本位的教学范式

19世纪末,欧美资本主义经济从自由阶段过渡到垄断阶段,经济迅速发展,尤其是科学技术的发展及其在经济领域的应用,导致了新的工业革命,刺激了经济的高速发展。经济的繁荣,需要进一步扩大市场贸易和争夺能源,因此,资本主义国家之间的斗争日益尖锐,最终导致了两次世界大战的爆发,给经济社会发展造成了难以估量的损失。二次世界大战以后,经济社会的发展与科学技术的关系更加密切,科学技术使经济冲破了垄断的束缚,进入了多样化发展的阶段,使商品经济进一步发展繁荣。

由此,各国的军事竞争进一步加快了科学技术的发展,尤其是二战以后,在60年代、70年代产生了新的科学技术革命,知识急骤增长,日新月异,人类社会的发展步入了信息化时代。这对教学思想的发展影响非常大。传统的教本位的范式以及其教学思想、接受式学习,注重单纯接受大量知识信息已经不能满足现实需要,也不可能了。欧洲的"新教育"和美国的"进步教育"由此产生。前者以"生活教育"、"尊重个性"和"自发学习"等为主导;后者以儿童的活动和生活为中心,在学习方式上倡导让学习者主动获取知识,培养学生的学习能力,由此形成了近代学本位教学范式。学本位教学范式突出学生学习的主体地位和作用,"儿童中心"、"活动中心"、"经验中心"是其基本特征。

(一)儿童是出发点和归宿

卢梭(Jean Jacques Rousseau, 1712—1778)提出应以培养"自然人"作为教育的目的。"这种教育,我们或是受之于自然,或是受之于人,或是受之于物。我们的才能和器官的内在的发展,是自然的教育,别人教我们如何利用这种发展,是人的教育,我们对影响我们的事物获得良好的经验,是事物的教育。"①所谓的自然教育就是以发展儿童的"内在自然"或"天性"为中心的教育,人的教育和物的教育,都应以追随儿童的"内在自然"为目的。他的自然教育理论第一次把教育的对象——儿童提到了教育的中心地位,教育应以儿童的身心特点为依据,以儿童的个性发展为基础,通过他自己的活动,使他的身心能够按照自己的自然进程得到发展。这个理论打破了千年因袭的教育陈规,把儿童从一个接受塑造的人,变成一个主动接受教育的活泼的儿童。"自然教育"的核心是强调对儿童进行教育时,必须顺应人的本性,顺乎自然地去进行。教学要根据儿童的年龄特征加以组织实施,以充分发展儿童个性,增进儿童的个人价值。

杜威(John Dewey,1859—1952)一改传统教育的做法,把教育的出发点放在

---

① 卢梭.爱弥尔[M].北京:商务印书馆,1978:7.

学生身上,而不是从教育者的立场出发。在杜威的理论体系中,"学"不再是"教"的手段,而是实现了与学习者的统一,与学习者的生命的同一。"学"不再是外在的,而是生命的生长与生活的提升。杜威提出"教育即生长"、"教育即生活"的命题。他批评旧教育的最大弊端是脱离儿童的直接经验,脱离社会实际,把知识作为教学的最终目标,压制了儿童的个性,使儿童在教育教学过程中处于被动地位。杜威指出,"生长"是儿童的生长,"生活"是儿童的生活,"经验改造"也是儿童的经验改造,所以,儿童始终是教育教学的出发点。

(二)儿童获得亲身经验

"教育即生长。"教育就是儿童的现实生活,是儿童的经验改造,是儿童的生长。杜威指出要纠正传统教学把间接知识或书本知识获得作为教学的基本目标的做法,强调要以儿童的亲身经验代替书本知识。杜威对传统的经验概念做了进化论的改造,认为作为有机体的人在生存中总要遭遇到某种环境的刺激,必须对之做出反应,以适应环境。人与环境的这种相互作用就是经验。经验包括主动与被动两个方面,主动的方面是指尝试,被动的方面是指承受结果。而两者的联结就是思维,"思维就是有意识地努力去发现我们所做的事和所造成的结果之间的特定的联结,使两者联结起来"。[①]

"经验"有两层含义:一是指由实践得来的知识或技能,二是指体验。并且人们习惯把经验划分为直接经验和间接经验,直接经验是指个人通过亲自活动获得的经验,间接经验是指他人的知识成果,如书本知识。以往,人们更多的是从结果和静态的角度看待"经验",更多的是指从实践或体验已经获得的知识、技能或某种成果。而杜威所讲的"经验"是不同于一般的意义的,它既指经验的结果,也指经验的过程;既指经验着的事物,也指经验着的感受;经验既是一种直观体验,也是一种思维和反思。而且杜威更多从动态与过程的角度来解释经验,使经验具有过程的属性。在经验过程中,他看重的不是"结果",而是"尝试"、"承受"等行动与实践。[②] 所以,杜威强调"做中学",让学生在具体做的活动中,获得亲身的感受、直接的体验,以达成经验生成、经验改组、经验改造的目的。

"经验即知识"、"先行而后知"。杜威认为,人在与自然及社会的交互作用中获得的经验就是知识。只有当人真正与环境交互作用之后,获得有关世界的经验,人才获得了真知。知识是行为的产品。有机体的初始行为源自于遗传的冲动和本能。这种先天性行为一旦发生,有机体就与环境发生交涉,就会产生初步的经验,学习活动与知识获得过程便开始了。

---

① 杜威.民主主义与教育[M].北京:人民教育出版社,1990:154.

② 孙苗苗,雷双双.浅谈对杜威"经验"概念的理解[DB/OL]. http://www. studa. net/ Education/100125/15340199.html

(三)儿童是活动的主人

"学校科目相互联系的真正中心,不是科学,不是文学,不是历史,不是地理,而是儿童本身的社会活动。"①儿童中心就是把学生作为教学过程中学习的主人,适应儿童的自然发展,按照儿童思维发展过程,从儿童的兴趣和需要出发,让儿童自我激发学习动机、自己决定学习目的和内容、自己假设、自己负责学习活动、自我评价学习结果,培养自主获取知识、解决问题的能力,形成积极的学习情感与态度。教师处于辅助的地位,引导儿童的兴趣,满足儿童的需要,辅助儿童的学习,而不是向儿童传授知识,对儿童实施强制、规范与改造。

杜威提出课程应源于儿童的经验,以儿童的活动为主要形式,他提出游戏、讲故事、观察及手工作业四大类活动。通过活动学习知识技能,运用知识技能,发展情感态度,而不是机械地、僵化地、分门别类地设置一些彼此独立的课程,人为地割裂知识之间的内在联系。杜威指出,人有四大基本本能:创造的本能、交际的本能、表现和探索的本能,在这四种本能基础上,发展出四种兴趣。这些本能和兴趣就是学生学习活动的心理学基础和动力。人的四大本能都属于"做"的范围,因而,他提倡"做中学",强调通过本能和兴趣活动来学习,也即人生来需要活动,这是人的天性。人们最不能忘记的知识就是关于"怎样做"的知识。因此,为了使学生获得终生难忘的知识,牢固掌握知识技能,就应让学生在情境活动中,经过"做中学"获取知识,激发兴趣,探索真理。

学生做的过程就是探究,思维是探究的工具。杜威认为思维始于有疑难的情境,因而,思维具有探究性,"在这个过程中,获得结果总是次要的,它是探究行动的手段"。② 思维的探究过程分为五个阶段,即思维五步法:"1.感觉到的困难;2.困难的所在和定义;3.对不同的解决办法的设想;4.运用推理对所设想的意义所作的发挥;5.进一步的观察和试验,它引导到肯定或否定,即得出可信还是不可信的结论。"③与思维的过程相对应,教学也应该分为相应的五个阶段:产生问题、明确问题、提出假设、寻求结果、验证假设。在每个阶段上,学生都是一个积极、主动的探究者,而不是一个被动的接受者。

布鲁纳(J. S. Bruner,1915—)从结构主义观点出发,认为知识来源于经验。把经验加以整理组合为一种有结构的模式,便形成了知识。他认为,认识是一个过程而不是一件产品,是认识主体操作自己的认知模式,或是把人类认识成果的概念模式纳入自己的认知模式,以提高和发展自己的认知水平的过程。就认知主体而言,认识过程必须含有积极的意义,而不是消极、被动的,如果他要将呈现在

① 赵祥麟、王承绪编译.杜威教育论著选[M].上海:华东师大出版社,1981:32.
② 杜威.民主主义与教育[M].北京:人民教育出版社,1990:157.
③ 转引自刘放桐等编著.新编现代西方哲学[M].北京:人民出版社,2000:211-212.

面前的知识转化为自己的知识,他就必须亲自从事"发现的行动",亲自从事构造模式的过程。据此,认识过程也可视为发现过程。

布鲁纳在强调掌握学科基本概念的同时,还要求教学采用一种最能使学习者有效地掌握学科结构的发现法。他认为"发现法"并不像一些人所理解的那样高深莫测,它不是指科学家的发明创造,而是学生按自己的方式而不是照书本的样子,把获知的事物组织起来的一种活动。① 它是以发展创造性思维为目的,以学科的基本结构为内容,以不断发现为步骤的一种学习方法。提倡发现法的实际就是要求教师培养学生探究问题的精神,以及独立解决问题和预见未知的能力,引导学生自己获取知识。

三、对话本位的教学范式

以网络为主要特征的信息技术革命正以前所未有的发展态势向前推进,极大地改变着人们的思想观念和行为方式,成为影响人类社会发展的巨大力量。由此,人类社会进入了一个以创造和分配信息为基础的社会。在信息社会中,经济增长方式高度集约化,劳动生产率水平进一步提高,企业组织和管理体制灵活化,工作方式和生活方式个人自主化,信息化经济导致经济全球化,政府与公众的沟通不断加强并公开化等。

这一系列新的社会发展变化对文化教育产生着深刻影响,既带来了发展的巨大动力,又提出了新的发展要求。教育要适应信息社会的发展需要,就要从工业社会的教育转向信息社会的教育。大家普遍认为这种转变主要体现在:教育从封闭性转变为开放性、教育从单向性转变为双向性、教育从继承性转变为创新性、教育从职前性转变为终身性、教育从统一性转变为个性化、教育从专门性转变为综合性等。

在信息化社会中,学习的目的不再只是获取知识与技能,不再只是背诵和考试,而是促进个人全面和终身学习;学习的内容不仅仅局限于书本上的知识技能,更要学习书本外的知识技能;原来只学习知识技能,现在更要学习如何生存、如何行动、如何关心、如何负责、如何选择、如何自我发展,更要学习获得与拓展知识技能的方法;更要学会认识和掌握自己、把自己作为知识对象。在信息社会中,学习资源无处不在,学习形式丰富多彩,尤其是基于互联网而产生的各种合作的、互动的、个性化的学习方式,将会越来越普及应用。

建构主义认为,知识不是客观的东西,而是主体的经验、解释和假设。② 知识不是通过教师的传授而获得的,而是学习者在一定的情境即社会文化背景下,借

---

① 布鲁纳.教育过程再探[J].邵瑞珍译.教育研究,1978,(1).
② 刘儒德.建构主义:知识观、学习观、教学观[J].人民教育,2005(7):9.

助学习过程的其他人(包括教师和学习伙伴)的帮助,利用必要的学习资源,通过意义建构的方式获得的。建构主义学习理论认为"情境"、"协作"、"会话"和"意义建构"是学习环境中的四大要素:情境:知识的意义总是存在于情境之中。学习总是在一定情境之下进行的,人不能超越具体的情境来获得某种知识。协作:知识是社会约定的,存在于一定的社会区域之内。一个人有什么样的观念和认识,总是与他所处的学习者共同体的观念和认识分不开的。意义建构是建立在学习共同体之间共同协作的基础上,而且这种协作发生在学习过程的始终。会话:会话是协作过程中的不可缺少环节。学习共同体、学习小组成员之间必须通过对话商讨如何完成规定的学习任务以及有效完成意义建构的过程。意义建构:这是整个学习过程的最终目标。所要建构的意义是指:事物的性质、规律以及事物之间的内在联系。

建构性的学习方式是与真实的本质、知识的本质、人的交互作用的本质以及科学的本质相关的。所谓真实的本质是指心智的表征具有"真实的"本体状态,即外部的世界;知识的本质则强调知识是由个人建构的,它存在于人的头脑之中;人的交互作用的本质是指个人在知识的建构中必须依靠意义的共享与协商对话,人际关系最基本的形式应该是合作而不是权威型的命令或控制;科学的本质是在于这是伴随着人的活动的一种带有一定偏见和通过一定滤镜的意义制定活动。上述这四种本质决定了作为了解世界的方式的学习的建构性特征。[①]

20世纪70年代,一种反对统一、推崇差异的后现代主义思潮开始广泛传播,它的主要特点就是强调世界自身的多样性,反对、否定或力求超越各种基础、本质、普遍、总体和确定,肯定事物的多样性、不确定和差异性。后现代主义认为,现代主义教育过于强调"塑造"人,就像把人塑造成现代性工程的零部件一样,其结果必然是忽视人的个性,导致人的异化、人与人之间关系的疏远和个人生活意义的丧失。后现代主义教育强调要培养具有批判能力、认可多元文化的社会公民。这种公民能够认清优势文化的霸权性以及文本的集权性,向它们挑战,进而通过对多元文化的认识跨越文化边际,肯定个人经验及其代表的特殊文化。后现代主义认为,知识是多形态的,不存在一种普遍的或单一形式的科学知识,人们对知识的解释也应该是多种多样的。后现代主义认为知识主要特性是:批判性:后现代主义认为知识不是对现实的纯粹客观的、确定的反映,而是人们对客观世界的一种解释、假设,它必将随着人们认识程度的深入而不断地改变,不断地出现新的假设和解释。情境性:后现代知识观认为,任何知识都是存在于一定的时间、空间、理论范式、价值体系、语言符号等文化因素之中的;任何知识的意义不仅是由其本身的陈述来表达的,而且更是由其所位于的整个意义系统来表达的。多元化:后

---

① 高文.建构主义学习的特征[J].外国教育资料,1999(1):20—22.

现代主义强调对事物的多元化理解,提倡以宽容的心态对待"他人"。尽管语言赋予了知识一定的外在形式,并且获得了较为普遍的认同,但这并不意味着学习者对这种知识有同样的理解。真正的理解只能是由学习者基于自己的经验背景和认知取向而建构起来的。不同的人出于不同的个人经验,对同一事物的理解也完全可能是多样化的。多元化的知识观消解了科学知识的权威性,认为不同类型的知识之间是平等的关系。① 生成性:后现代主义认为知识不再是绝对真理、一成不变的,应视知识为不断生成与建构的"文本"个体性:后现代主义认为,知识不仅是客观的、公众的,而且也是个人的,它既离不开个体的交往实践活动,也离不开个体的个性人格特征。因而,"同一性"、"客观性"、"公共性"是相对的,总体来说知识都是个体的。

以往的教育把教学视为学生对知识的接受、记忆的储存过程,教师在教学中只是传递教学内容尤其是传授书本上的知识。后现代主义学习观认为,知识是通过教师和学生的交往对话生成的,强调学生拥有从日常生活、课堂外经验中主动建构知识与经验的能力,强调师生之间的合作以及学生之间的同伴合作,倡导自主、合作、探究学习的能力、潜能以及学生对教师发展的促进作用。对话本位教学范式强调:

(一)师生平等

如果把学习看成是以知识为核心的认知活动,那么极易导致的一个后果就是知识的占据者成为学习活动的主导者,而"无知者"就成为学习活动的被动接受者。将这种关系延伸至师生的人际关系,就会形成以知识的不平等为前提的人格上的不平等。这就是传统教育的问题之一。而以对话思维来理解学习活动,就会发现,每一个学生都是一个意义主体,每一个学生对知识的理解可能是不同的,这就意味着教师对知识的占有并不能代替他人对知识意义的理解。所以,从意义主体这一角度来理解,教师和学生是平等的。在对话学习过程中,教师与学生作为平等的主体坦诚交流,是教师与学生彼此间互相包容、互相信任、共同参与、共同设计,它不仅是师生、生生之间交往的一种方式或途径,而且建构主体者共同营造的一种精神氛围和文化情境。

(二)教学互动

无论传统教育或现代教育,其中的教与学活动都是单向的。传统教育中的学习是接受活动,是教师"教"学生"学",教师先讲学生后记;现代教育中的学习是发现活动,是学生的"学"为中心、教师为学生服务、弱化了教师的作用。所以,无论授受抑或发现,都是单向的活动。其原因在于他们把学习对象客观化、简单化,从而忽视了或没有认识到学生的一切学习对象其实都是人类的活动结果,蕴含着丰

---

① 后现代主义视野中的教育 www.cmedu.com,2006-05-11.

富的人类生命活动的意义。这些意义,只有通过对话,才能向我们展现出来。对话是双向的交流,是教师与学生、教与学的双向互动、教学相长、相辅相成、相互促进,而不是单向的接受或发现。

(三)意义生成

知识是过去的,所以对它的学习常常是接受的。即使是现代教育中的发现学习,也只不过是对以往知识发现过程的复制,从整个人类的范围来看的话,它依然是授受的。这其中的原因依然在于知识的客观性。知识的客观性决定了它只是少数人的创造,对多数人而言,知识意味着学习和接受。在以对话为本位的教学范式中,学习即对话。学习的过程就是对话的过程,学习的实质就是借助对话所实现的对意义的理解和创造。对话不是学习活动所借助的手段,而是学习活动的存在形式和进行方式。从意义的角度而言,意义是个体性的,是个体的生命和生活经验,所以它只能在个体的生命和生活创造活动过程中尤其是在共同对话的过程中即时生成。"听君一席话,胜读十年书"是这种意义生成的一种生动写照。

第二节 表现学习的教学范式

在教本位的教学范式中,教师是教学活动的支配者、主导者乃至统治者,课堂教学活动以教师"教"的表现为主、是教师的表现天地,有时甚至是教师单方面的一厢情愿;教师的教学活动在先,学生的学习活动是由教师的教所引发的,学生是受支配者、受统治者,是教师表现活动的配角,配合教师完成课堂表现活动,如果说学生也有一定的表现学习活动的话,那也基本上是一种被动的表现、不情愿的表现。

在学本位的教学范式中,学生是"太阳"、成了学习活动的中心,教师要围着学生转;学生的学习活动往往在先,教师随着学生亦步亦趋,学生的学习经验、学习需要、学习兴趣有时是即时学习兴趣成为驱动教学的动力,或是组织教学活动的依据,教师的教要服务于学生这种所谓的内在学习需要;课堂成了学生的表现天地,学生一般通过"做中学"的方式,如游戏、角色扮演、探究、发现等等来积累经验、获取一些零碎的知识;教师的教学活动、教师的课堂表现活动处于一种弱化的、辅助的地位,教师的教学引导、促进作用被削弱。从教与学的关系来看,这种现代教学范式完全颠覆了前一种传统教学范式中师生在教学活动中的地位、角色,可以说是从一个极端走向了另一个极端。

在对话本位的教学范式中,师生是教学对话的双方,是平等对话的双方,教师是平等中的首席;师生之间不是主体客体的关系,而是互为学习主体(主体间性)的关系,教师先教学生后学,抑或学生先学教师后教,都不是那种一方表演一方观看、一边主动一边被动的情景,在教学活动过程中,师生共享学习权利,共同作出有关学习的决定、共同执行学习的决定推进学习活动的前行、共同评价以及反思学习的收获,教学相长,共同发展,课堂成为学生表现的中心,也是教师表现的天地。即使在表现学习中,学生的表现成为课堂教学活动的中心,教师根据学生表现活动的需要、特征组织教学活动,但是学生表现活动的设计、组织、策划,学生学习任务的设计、完成、展示,学生表现活动的维持、发展,学生表现结果的评价与反思等,都需要教师的精心组织、引导与促进,教师是一个积极主动的教学者、学习者、探究者、表现者。教师和学生一起经历学习过程、表现过程,一起分享学习过程与收获,教学成为师生生活的一段经历、生命的一个部分。表现学习就是这种对话本位的教学范式,这主要体现在表现学习的真实性情境、互动性过程、展示性评价方面。

一、真实性情境

情境是由能够引起和维系反应的全部刺激构成的整体,情境和活动之间存在着一定程度的因果联系,任何教学都是在一定的情境中发生和进行的。对话教学的情境是“我—你”置身其中的一种真实性情境,也即学习内容、学习方式和学习结果是具有现实意义的。学生的学习本质上就是借助这种真实学习情境的帮助,通过多维对话的过程,实现对知识意义的主动建构。马丁·布伯认为,教学本身就是教师与学生的相遇,教学情境就是“我”与“你”的关系情境;正是在这样一种情境中,学生既领会了人生的意义,又发展了对话能力。[①]

表现学习的情境是一种真实性情境。真实性情境是面向学生生活实际的教学情境。情境的真实性有物理真实性与认知真实性之分,物理真实性是指在实际的情境中进行学习,如在银行实习或到便利商店购物;认知真实性是指专家或专业人员从事其专业活动的真正过程,如数学家的解题过程、作家的写作思考历程。真实性情境与德国哲学家胡塞尔“生活世界”的概念密切有关,“生活世界”最基本的含义是指我们各人或各个社会团体生活于其中的现实而具体的环境。生活世界是一个主观、相对的世界,是一个日常的、非抽象的世界。[②]生活世界的实质是一个“活的世界”,如果把“活的世界”当做纯粹的“物理世界”、没有人在其中的“死的世界”,那么,最终会导致“科学危机”与“人的危机”。

生活世界对于人的认识具有一种原初地位。首先,它是一种事先的存在,在认识产生之前,生活世界就已经存在;其次,生活世界是我们的背景世界,我们的一切认识活动都发生于其中。再次,生活世界是一切目标的发出者,它生成目标,

① 马丁·布伯.我与你[M].北京:三联书店,1986:51.

② 倪梁康.现象学及其效应——胡塞尔与当代德国哲学[M].北京:生活·读书·新知三联书店,1994:131.

而不被目标所生成,这是因为生活本身就是目的。在科学世界,人们往往把认识理解为一种纯粹的科学认识、理性认识,把认识当做获取关于对象世界的客观知识的一种工具和手段,把认识排除在人的现实生活之外或凌驾于人的现实生活之上,而没有把认识作为人的现实生活的重要内容,导致认识成为一种出于人的现实生活之外的活动,远离人的现实生活世界。生活认识论主张,认识不能脱离人的现实生活世界,不能排除在人的现实生活之外;在人的现实生活世界中,人的认识是多种多样的,科学认识只是其中的一种形式,而不是全部;人的现实生活是全面、综合的,任何一种认识形式都是人的生活,都是各种认识形式的有机结合。①

教学活动是一种特殊的、"改造"了的生活。② 教学要从学生的现实生活和社会实际出发,充分认识教学活动的特殊性,对现实生活保持一种批判和超越的态度,创造一种高于现实生活的更加美好的生活,从而引导学生从当下生活逐步走向一种更有价值、有意义、符合人性的可能生活。真实性情境的创设需要从学生的生活经验出发,它源于生活、体现生活又高于生活,使教学内容与学生的生活相联系。"学习情境的撷取、设置不能拘束于知识内容,主要应面向学生的现实生活,在学生鲜活的日常生活环境中发现、挖掘学习情境的资源,其中的问题应当是学生日常生活中经常会遭遇的一些问题。"③

然而,教本位的传统教学范式中的情境往往是"去情境化"的。客观主义认为世界是客观存在的,这个客观世界独立于人之外,是不受人类经验所支配、不以人类意志而转移的,但是它可以为人们所认识。人类通过其思维来反映客观现实,从而获得客观世界的意义,这种意义(即知识)根植于客观世界,是客观的、相对稳定的。这种知识的真伪存在客观的判断标准,即这种知识是否为真取决于其是否与客观现实相符。学校课程知识是课程编制者从人类文化宝库中分门别类地抽取出来,并根据学科知识的逻辑加以建构的理论知识体系,它们往往是永恒不变、不容置疑的真理的代名词;这些知识是可以通过教师或技术传递给学习者并被学习者所掌握,强调知识的传递与接受,主张通过结构化的教学内容、授受式的教学方式以及单向式信息传递手段等来进行教学活动。学生仅被当做一个"认知体",局限于狭窄的认知领域,只注重引导学生以间接认识方式去学习书本知识,缺乏学生的真实生活体验,书本知识与现实生活的有机联系被割裂,学生的理解、体验和感悟等直接认识形式也被忽视了,学生缺少独立思考和自主探究的机会,影响了学生学习的积极性、主动性和创造性,导致丧失应有生活意义和生命价值的"去情境化"教学。在这样的教学情境中,学生的学习活动是从书本到书本,没有促使

---

① 王攀峰.走向生活世界的课堂教学[M].北京:教育科学出版社,2007:99—100.
② 王攀峰.走向生活世界的课堂教学[M].北京:教育科学出版社,2007:132.
③ 赵蒙成.学习情境的本质与创设策略[J].课程·教材·教法,2005(11):21—25.

学生产生体验、感悟、生成以及激动、惊奇、困惑的真实性情境,学生的经验世界日趋萎缩,从而严重地妨碍了学生对知识的自主建构。

我们知道,只有在真实的学习情境中,学生才能切实进行学习并主动掌握知识。如果仅仅对知识进行抽象转化,或者仅仅对真实的生活场景给予简单虚拟,就很有可能设置一些虚假的问题以及学习的情境。例如,有教师在教圆周率(π)的概念时,这样设置学习情境:让学生测量圆的直径分别为 1 厘米、2 厘米、3 厘米、4 厘米的周长(用绳子绕一周,绳子长度即为圆周长)。然后让学生将量出的周长填在表 2.1 内。

表 2.1 圆周率教学中学生需填写的表

直径(厘米)	周长(厘米)	周长/直径
1	3. 多	3. 多
2	6. 多	3. 多
3	9. 多	3. 多
4	12. 多	3. 多
5	…	…

由该表可见,若圆的直径为 1 厘米,则周长为 3 厘米多;若圆的直径为 2 厘米,其周长为 6 厘米多……接着,再让学生计算各圆的周长与直径之比,结果发现它们的值大致相同。最后,教师告诉学生:这个值的精确数为 3.14159……它就是圆周率。[1] 像这样的学习情境就是教师人为设置的虚假的问题和情境。学生似乎也有探索活动,但这种预设轨道的验证性活动难以促进学生灵活和复杂的思维的发展。

学本位教学范式的哲学基础是杜威"教育即生活"的教育思想。杜威认为,一切事物的存在都是人与环境相互作用的产物,人不能脱离环境,学校也不能远离眼前的生活;学校是社会生活的一种形式,具有社会生活的全部含义,教学活动不是学生的未来生活准备,而是一种学生的生活过程,是学生经验的不断改造或改组。因此,教学活动必须符合社会生活的要求,学校必须呈现生机勃勃的现实生活,以加强教学活动与学生当前所处现实社会生活之间的联系,让学生参与社会生活,使学校真正成为学生生活的地方。在他看来,最好的教学活动是从生活中学习,从经验中学习。"材料如果不是从先前在儿童生活中占据重要地位的事情中引出,就会流于贫乏和无生命力的……只有当儿童在校外,即在实际生活中学到了同样的材料,它才开始对儿童具有意义。一些孤立的事实,比如说在一本地

---

① 引自皮连生主编. 学与教的心理学[M]. 上海:华东师范大学出版社,1997:139.

理教科书中出现的孤立事实能对儿童有意义,这种情形必然是很少有的。"①他积极倡导"做中学",通过让学生在现实生活中动手做的方式,用一种直接认识间接经验的方式来代替间接认识间接经验的方式,实现直接认识与间接认识的有机统一,实现书本世界与学生现实生活的有机统一。

学本位教学范式将学生置于教学活动的中心地位("儿童中心论"),强调儿童为学习过程的主动参与者,适应了学生自由生长的要求。尤其是杜威的"做中学",更是强调了教学活动与学生现实生活的融合,突出了学习情境的日常生活化,让学生在现实生活情境中亲身获得生活经验。我们知道,教学生活是一种改造了的生活,杜威过于强调学生根据自我兴趣的自发学习状态,忽视了教师在课堂中不可替代的作用和地位,模糊了日常情境学习与课堂教学之间的区别。这在一定程度上忽视了教学活动的特殊性,它在强调关注学生的现实生活、加强教学活动与生活之间的联系的时候,"忽视了教学活动应该为学生建构一种更有意义、更有价值、更为完满和更符合人性的可能生活"。②

表现学习是一种任务驱动学习,学与教的过程是围绕表现性尤其是真实性(包括教学性)任务的完成来组织以及展开的,其情境的真实性主要体现在表现性任务上。任务是人们在日常生活、工作、学习、娱乐等过程中所做的各种各样的事情。任务有一个真实的目的,以意义为中心,任务有一个明确而有实际意义的结果。正如有人从语言学习的角度所指出的那样:任务是"一种目标定向活动,活动中学习者利用一切目标语资源来解决问题,玩游戏或者分享彼此经历等,以达成一个真实的目的"。③

表现性任务是真实的,它来自现实生活实际,打通了书本知识与学生现实生活之间的界限,引导学生发现和寻找现实生活世界中的问题,让学生从生活世界中发现问题、分析问题和解决问题。表现学习将学习者置于真实的情境中,促进学习者对知识和技能的不同的理解,从而使学习能适应不同的问题情境,在实际生活中能有更为广泛的迁移。同时,将学习者置于知识产生的真实的情境中,学生的学习将经历类似专家解决问题的探索过程,这就能促使学生主动探索、自己解决问题,从而实现对知识的自主建构,极大地调动学生学习的积极性。如北京大学附属中学数学特级教师张思明在学校首届数学知识应用竞赛命题中,从生活实际出发来编制数学题目,像"存一笔钱十年以后用,用什么方式存款可以获得较

① [美]杜威著,赵祥麟等译.学校与社会. 明日之学[M].北京:人民教育出版社,1994:261.

② 王攀峰.走向生活世界的课堂教学[M].北京:教育科学出版社,2007:131.

③ 引自王笃勤著.真实性评价——从理论到实践[M].北京:外语教学与研究出版社,2007:57.

多的利息"、"学校在年终如果准备拿出 5 万块钱作为奖励,制订一个奖励方案,使这笔钱能够达到较好的奖励效果"等题目。学生们写的答案,像一本本小论文,有的学生甚至写了三十几页。看着学生交来的作业(厚厚一摞摞解题报告),他花了一个月才看完,当时真是既兴奋又痛苦。兴奋的是学生们有这么大的学习积极性,痛苦的是哪个孩子的结果都不一样的,不像传统的数学结果是唯一确定的。①这种令人意想不到的效果,就来自于他变抽象的数学解题过程为完成一个数学真实任务的过程,让学生用数学知识解决实际问题,体验解决问题的真实过程以及知识的实际价值,帮助学生精确理解知识的内涵,激发他们学习的动力和热情,并促使他们把知识转化为技能。

　　表现学习围绕真实性任务来展开师生、生生以及与文本的对话,展开学与教的过程,在一种真实性情境中学习。只有这样的情境才能有效地阐明知识在实际生活中的价值,更能够体现知识发现的过程、应用的条件以及知识在生活中的实际意义。人的现实生活世界是人的生存之所和生活家园,是一个集真、善、美于一体的世界,任何一种有价值的知识,既包括对真的追求,也具有对善的期待,还带有审美的意蕴。表现学习立足于人的现实生活世界,在真实性情境中,通过多维对话的过程,实现一种回归"生活世界"的"真实性学习"。这种教学范式就"不再是单一的、理论化的书本知识,而是向学生呈现人类群体的生活经验,并把它们纳入到学生'生活世界'中加以组织,使文化进入学生的'生活经验'和'履历情境'"。②

二、互动性过程

　　对话教学是在互动合作中实现的。教学是拥有教学理论素养的教师与学生进行沟通的文化,是教师和学生在进行情感和思维上的对话。互动合作是教学对话的基本手段,教师与学生,学生与学生,教师、学生与文本在互动过程中实现着多种视界的对话、沟通、汇聚、融合,不断产生新的视界。社会建构主义认为"对话超越了单纯意义的传递,具有重新建构意义、生成意义的功能。来自他人的信息为自己所吸收,自己的既有知识被他人的视点唤起了,这样就有可能产生新的思想"。③ 在对话精神的作用下,教师与学生、学生与学生,就教学内容进行平等地交流、真诚地沟通,互相借鉴,取长补短,在互动合作的氛围中,各自生成或建构自己的认识与知识。

　　表现学习是一种互动性教学。互动教学或者说教学互动是在一种民主、平

---

①　引自王攀峰.走向生活世界的课堂教学[M].北京:教育科学出版社,2007:238.

②　钟启泉.研究性学习:"课程文化"的革命[J].教育研究,2003(5):71—76.

③　钟启泉.社会建构主义:在对话与合作中学习[J].上海教育,2001(7):48.

等、融洽的教学环境中,教师与学生之间、学生与学生之间相互对话、相互沟通和相互理解以及相互影响的过程。教学互动不仅仅是知识授受的互动,更是师生间问与答的形式互动,同时也是师生情感、人格的相互影响、相互作用。没有人的情感就没有人对真理的追求。如果没有师生情感的互动,就像没有色彩的生活,是不可能促进学生主动参与对话以及主体性发展的。哈贝马斯的理论认为,人类的存在并非以一个独立的个人作为基础,而是以"双向理解"的互动作为起点的。这种互动是人们在没有内在与外在压力与制约的情况下,彼此真诚敞亮、交互共生的存在状态。师生互动是一种特殊的人际互动,互动的内容分为认知互动、情意互动和行为互动三种,包括认知方式的相互影响情感,价值观的促进形成,知识技能的获得,智慧的交流和提高,主体人格的完善等等。

教学互动体现了师生在教学过程中民主、平等的对话关系。互动的师生之间不是简单的"主体—客体"关系,或"手段—目的"的关系,而是互为主体的"我与你"的关系。教学过程中的师生对话,不是我说你听、我讲你记,而是"我"与"你"以教育内容为媒介的对话。这里的"你"不是一个对象、一个抽象的学生,而是一个具有同"我"一样地位的主体,即另一个"我"。从哲学层面来说,之所以称为"你"是指你"与"我"有关联,处于同一关系之中,即处于对话共同体中,其中的"我"与"你"不是主体与客体之间的认知与被认知的关系,也不是控制与被控制的关系,而是一种互相对话、包容和共享的多维互动关系。

师生互动的本质是师生间发生的一切交互作用和影响。[①] 师生互动是一种人际互动,互动主体是教师和学生,并且师生双方在互动中是同等重要、互为主体的;师生互动是师生间的双向、交互的影响;师生互动包括师生间的一切相互作用。互动的基本特征在于:第一,多维交互。信息传送、接受、理解、加工是多方的而不是单方的,即从教师到学生,从学生到教师,从学生到学生,从个体到群体,从群体到个体,从个体到个体,从群体到群体等。第二,相互平等。没有平等,就没有互动。教学互动中,师生以平等、对话、交流的关系出现,核心是通过信息和思想的交流,教学相长。第三,方式多样。根据学习内容和目标的不同,采取多样化的互动方式和手段,使学生的学习过程成为富有个性的相互对话过程。

"互动生成"是一个常常连用的术语,可见"互动"与"生成"是紧密相关、相辅相成的。生成是对教学过程道德动态性、不确定性状态的描述。它强调在师生互动的过程中,师生间呈现出有机关联性行为,并不断生成新的、具有情境性和针对性的教学需要,从而使教学活动动态指向教学目标的达成。生成体现在两个层面,一是体现为"资源生成"和"过程生成":在教学过程中,因开放式互动产生了新的教学资源,以及由此而进行不同于既定教学设计程序的新的教学过程;二是体

---

① 叶子,庞丽娟.师生互动的本质与特征[J].教育研究,2001(4):30—34.

现为学生形成了新知识、新能力、新结构、新水平等,即朝向教学目标实现的生成。

教本位的课堂教学互动大多是以教师为中心,教师是课堂教学互动的启动者和主宰者,扮演着"法官"和"裁判员"的角色,学生则相对处于一种消极被动的地位,学生与学生之间缺乏有效的交流、沟通与互动,这样就不可避免地导致了课堂教学主体在互动形式上的单一性。教师的思想、语言、行为往往表现出一种"强加于人"的倾向。课堂教学互动往往发展成为一种单向的演讲或"独白",缺乏主体之间真正的双向交流、沟通和对话。即使教师试图转变角色,从"独白"走向"对话",也是教师问与学生答的形式化互动。此外,"教师提问、学生被动回答"是课堂言语互动行为的主要类型,而学生主动向教师提问、提出异议以及其他类型的互动较少。有人曾对我国学生的课堂言语互动行为问题进行了研究[1],结果表明,"教师提问、学生被动回答"这种言语互动行为的频率在学生课堂言语互动行为总频度中之比重高达 93.8%,而提问、异议和其他类型的互动行为所占比重几乎微乎其微,分别仅占 1.7%,2.7% 和 1.8%。课堂教学互动形式之单一、比重之偏颇由此可见一斑。同时,由于课堂教学以知识掌握为主要目标,情感态度的形成等目标仅仅作为促进认知的辅助性目标,因而课堂上缺乏与学生真诚的内心沟通,缺乏与学生真挚的情感交流;师生间没有时间交流、体验彼此的心声。课堂互动主要体现在认知的矛盾发生和解决过程上,严重缺乏心灵的美化、情感的升华、人格的提升等过程。

学本位的教学互动是以学生为中心的,教学活动以儿童的兴趣和动机为中心组织,活动课程取代了学科课程,学生通过"做中学"来获取知识。杜威的"做中学"实质上是在本能和兴趣活动中的学习。他提出人有四大本能:制造、交际、表现和探索的本能,由此发展出四种相应的兴趣。这些本能和兴趣就是学生学习活动的心理学基础和动力,教学必须激发、利用学生的这些本能和兴趣,让学生在制作、社交、艺术表现和探究的范围里"做中学"。在杜威主持的芝加哥实验学校里,课程是以各种不同形式的作业(织布、烹饪、木工等)组织学生学习。"做中学"将学习对象化作一个问题解决的对象,通过学生自己(独立或是伙伴合作)探索性活动,包括操作实验、合作探索、预测假设、共享交流、尝试修正等一系列主体性的活动,来主动构建知识的过程。"设计教学"则主张在有目的、有意义的单元活动中让学生自己计划、自己设计、自己负责去解决实际问题,以获得比较完整的经验。学本位的教学范式使教学活动从课堂教学、书本知识和教师这"三中心"转到儿童身上,儿童成了教学活动的中心,有积极的历史贡献,但也有很大的局限。这种转变是从一个极端走到另一个极端,产生了负面影响。反思教师霸权,不是为

---

[1]　刘云杉等.学生课堂言语交往的社会学研究[J].南京师范大学学报(社会科学版),1995(4):58.

了建立另外一个霸权,而是追求一个具有普遍意义的视野。如果一定要分个黑白,那必然是,在教育过程中,始终是成年者引领未成年者,学识渊博者引领知之甚少者;在尊重学生兴趣和需要的活动中,教师必须理性地认识到这种尊重的边界;完全否定传统"三中心"的作用,必然导致教师作用的削弱,那么,学习活动就由学生根据自己的兴趣与动机来决定,学什么、何时学以及怎样学,都是学生说了算,教师则成了辅助人员,失去了平等对话的地位,失去了平等对话的前提条件,教师的引导与促进作用大大降低,学生知识掌握的质量与水平降低,教学时间得不到有效利用,多维有效的互动演变为学生的"独舞"。

表现学习倡导建立一种民主、平等的"我—你"关系,课堂是学生表现的天地,也是教师表现的舞台。教师是对话中的平等首席,要与学生保持观念平等、人格平等,要尽量保护学生的创新灵性,要站在学生的角度设计教学与考虑问题。在表现性任务的设计中要尽可能考虑学生的实际,或者尽可能让学生一起参与任务的设计与约定;在任务完成或者说问题探究的过程中,师生一起收集有关材料、开展讨论、集思广益,在充分对话的基础上,促进深度理解与生成;在任务的展示过程中,师生共同欣赏与总结、反思。表现学习把"做中学"作为一种重要的互动形式,但这种做不是基于学生本能、兴趣的作业,而是强调教师依据教学目标与任务,设计学生要做的任务,组织有关学习资源以及组织做——探究的过程,同时,在实际做的过程中,教师始终是一个组织者、引导者与促进者,而不是一个"旁观者"。表现性课堂教学活动,既是师生知识信息资源交流的过程,也是师生思想情感交流的过程,两者相辅相成,相互促进。教师是表现学习过程的设计者、组织者、引导者,学生是表现学习活动的主人。教师在传道、解惑的过程中,以学习共同体中平等一员的身份帮助、指导学生识别信息,选择信息,接受知识,锻炼能力,共同提高。

例如,有位老师在教学《白发的期盼》这篇文章时,一方面,训练学生的倾听能力,另一方面,组织学生开展社会调查,走访老年公寓,采访空巢老人,使学生明白老人需要的是精神赡养。"老人们不在乎儿女给自己带了什么礼物,更在乎儿女的心是不是记挂着他们。""尽孝是一种责任,也是一份心意,表达爱的方式有很多种,是出自内心,还是敷衍对待,父母都能感受得到。""如果真的愿意尽孝心,儿女平时也可以接回父母共享团圆,如果说一年到头都没有时间跟父母团聚,那只能是想不想做、愿不愿做的问题了。"通过对本文的学习,让学生明白"精神赡养"不是留待来日可以弥补的情感,要选择现在,尽快承担起"精神赡养"的责任。同学们通过撰写调查报告、小论文、总结等各种形式,让学生获得多种体验,从而激发学生的求知欲,培养学生的学习兴趣,真正促进学生的发展。在真实情景中的互动带给学生的不仅是学科知识,还有为人处世的一些正确做法,教学这篇文章的意义就不再局限于语文知识的传授,而是全方位的。

教学互动既是一种理念，又是一种方法。从理念的角度说，它倡导平等、交往、互利和共同发展，注重教学的开放性和生成性。从方法的角度说，它要求我们改变过去太多的"独白"和单一，走向交流和多元，使知识在互动中生成，在交流中重组，在共享中倍增。互动意义上教师的教、学生的学，都是双向的，就是师生互教互学（先学后教、先教后学），彼此形成一个"学习共同体"。教学过程不再是忠实执行课程计划与教案的过程，而且是师生共同开发课程、丰富教学内容、一起学习和运用知识的过程。互动使教学真正成为师生富有个性化的对话过程。"这种教学型式，教师和学生都必须主动，才能构筑教学对话平台，教学各个环节都变成支持和服务于对话的手段。这种教学型式同时为教师和学生发挥自身潜能去探求知识意义提供了充分可能。学习变成学生自己的事情，教师在帮助学生成为学习主人和学会学习的过程中实现自身专业发展。"①

三、展示性评价

对话理论认为人的存在更重要的是一种精神性、价值性的存在，存在于人的头脑中的想法，只有在对话中才能真正成为思想。人之为人就是要引导人理解自我，创造人的价值。教育的本质是育人而非制器。对话教学的目的并不在于单纯的意义传递，而是在于通过多维对话过程中的自我修正和相互吸收以及认知矛盾的解决，引起每一个个体内部知识的重新建构，使得每个主体的内部世界都得到扩充、丰富，从而实现生命的提升，这是对话的最终目的，也就是说对话的过程不仅是主体之间在平等的基础上互动的过程，更是主体进行自我建构的过程。对话教学使学习者不再是知识的接收器，而是知识的生发器，它能够不断地创造新的意义。这一过程的结果并不仅仅是学生的人生境界的扩展和提升，同时也包含着对教师的人生境界的提升以及对教材所蕴含的人类存在意义的发展。在对话学习的结果上，就需要对话的双方既要展示自我、表现自我，又要相互欣赏、取长补短、相得益彰，师生双方不仅达成一致的理解，而且在"我"的自我超越中，人生意义不断的升华，生活世界的范围不断扩大。表现学习强调结果的展示性评价（表现性评价）就是要积极发挥评价的引导、激励功能，促进对话各方的自我修正和相互取长补短。

展示性评价是"通过学生自己给出问题的过程与答案和展示的各种作品来判断和评价学生所获得的知识、技能和情感态度等各方面"。② 展示性评价的核心是学习者可以用自己比较擅长的、合适的各种方式向他人展示自己的理解、成果

---

① 吴刚平.从"传授型教学"转向"互动型教学"[J].教育科学论坛,2010(3):1.
② 引自边玉芳.课堂展示性评价:学生学习评定的新探索[J].教育发展研究,2004(5):29.

以及内在的素养。展示性评价的任务往往是实际的,学生在处理实际任务时必须运用已有的知识、技能,其表现能够反映其真实水平,即知必行,知行一致,学以致用。展示性评价既是测验又是学习活动、既评价结果又评价过程①。在展示性评价中,学生要在真实或接近真实的环境中解决问题、完成任务,要进行直接地尝试、思考,测验的过程也是学生巩固学习和主动学习的过程;展示性评价充分体现现代学习理论的主张,把学生看作是意义建构的积极参与者,不仅记录学生能够做什么,还要记录学生是如何完成一项任务的,而且更关注后者。展示性评价认为观察"过程"可以判断学生是否具有良好的科学的思维,在整个过程中是否有更好的或创造性的方法出现等,因此评价"过程"比评价"结果"更有价值,并且在展示性评价中常常有对过程进行评价的相应标准。

　　教本位的传统教学范式以知识教学为中心,评价制度以出卷考试作为学生学习效果的主要评价方式,考试是指导教师教学的有力指挥棒。考什么,教师就教什么;考什么,学生就学什么,家长也只认得考试,全社会都服务于考试,于是考试成绩成为评价学生的最重要的标准。考试成为衡量学生学习优劣的最佳手段,考试形式一般是纸笔测验(它更多的是采用标准化考试的形式),这些考试是在相同的条件下统一进行的,通过这种考试,学生可以得到表明自己进步或退步的量化的成绩单。这些考试必须是统一的、标准化了的,以便具有最大范围的可比性,从而使教师或其他人据此甄别出谁是成绩好的学生,谁是学业落后的学生。学生考试得分、成绩排名,成为评价的本身与终结追求。评价内容主要是教材上的知识点,考核学生对书本知识的复制与记忆程度与水平,不可能对学生较长时期所学到的知识和形成的能力进行全面的检测,所以就出现了评价的片面性和偶然性,对学生有效主动的学习状态和师生互动的情况、学生情感态度发展的状况等没有纳入评价的内容之中,忽视了学生的主体和层次性。学生成为被评价者,是自己学习评价的"局外人",本应是评价主体的学生却缺乏对评价活动的参与,是纯粹被动的应试者,学生同伴、家长等有关人员在评价时往往拒斥介入。一张卷子定成败,这样的考试评价只是得出一个笼统的诊断结果,过于注重结果的终结性评价而忽视对过程的评价,同时缺乏具体成因分析与改进措施,压抑了学生学习的自信与积极性,或盲目骄傲或盲目悲观,使学生不能清醒地认识自我,反思自我,矫正自我,完善自我。学生自主学习、自主发展的能力与品质得不到应有的训练与培养,学生的个性健康发展受到了极大影响。

　　学本位的教学是儿童中心论的教学,其教育目标着眼于学生个体的自由发展,并坚信自然的发展就是最好的发展;教育目的的重点不是纯粹的传授知识,而是给予学生一种生活的体验和对知识经验的自我建构;学生有发展的自由,也完

---

① 表现性评价[DB/OL].2008-05-12 人教网.

全有权力决定自我的发展方向;学生知识的生成和自我建构成为整个教学活动的核心目标,学生的多样性和个体的经验取代了系统知识的学习,学生自身的需求和兴趣成为教学的方向。教学过程是学习者经验不断重组的过程,学习者在直接经历过的情境激发下,对自身已有经验进行反复观察、思考、假设、推理等活动,使自己已有的经验获得不断更新、改造与完善。教学情境中问题解决了,或者说"做中学"的活动结束了,学习者就获得相关经验了。通过实际行动或构想的行动,来解决疑难,是学生经验(知识)获得,以及情感态度发展的最好衡量,是纸笔测验难以企及的。至于在活动过程中,每个人获得了什么样的经验、多少有价值的经验,那是因人而异的、多样化的,没有统一的标准,也难以进行统一的评价,只能依靠学习者的自我反思。这种自我反思式的评价,一方面,突出了学生学习的主体地位,体现学生个体学习的积极主动性;另一方面,也表明学本位的教学对教学评价环节的忽视,弱化了学生之间的交流分享、相得益彰以及教师的引导与促进作用。

表现学习在教学评价上强调学生要以自己擅长、适合的方式向小组成员、或全班同学、或在更大范围内把学习的结果(包括过程)展示出来,让他人能够直观地、具体地感知到。这里展示的不仅仅是知识技能学习的结果,还包括了情感态度、价值观以及过程与方法在内,也即学习活动的全部内容都会通过学习结果或产品的展示,完整地表露出来。展示性评价是一种真实的评价。就知识的性质而言,有明确知识(explicit knowledge)和"默会知识"(tacit knowledge)之分(波拉尼,1958)。那些能言传的,即通常所说的用文字等来表述的知识是"明确知识",而不能言传的,即不能系统表述的是默会知识。默会知识是镶嵌在实践活动中的,是情境性的、个别化的,它包含三种具体的形式:有关自我的知识、有关任务的知识和有关人际关系的知识。研究证明,默会知识的水平是对工作表现、学业水平的良好预测。传统的纸笔测验或标准化考试只能测量出学生"知道"了什么(明确知识),而无法测量出学生"能做"什么(默会知识)。加德纳提出,如果一定要去评价学生的学习,那么应当侧重于学生解决问题或在解决问题过程中所表现出来的创造力。加德纳本人就把智力看作是个体解决实际问题的能力和生产或创造出具有社会价值的有效产品的能力。因此,问题解决要求学生执行或制作一些需要高层次思维或问题解决技能的事或物。这样,评价的重点就由知识性的内容转变到解决问题的过程或结果上,这一评价取向可以让教师了解学生对问题的理解程度、投入程度、解决问题的技能、自我表达的能力,能较完整地反映学生的学习结果等。[①] 下面是一个美国初中历史学习中的展示性评价的案例(有改动)。

在美国的历史教学中也存在一些问题,如老师通常按照标准呈现教科书,学生认为这样的历史课很没劲,而且,课堂上教师经常这样指定学生任务:"读这章,

[①] 传统评价的弊端[DB/OL]. http://mhc.swu.edu.cndata/2006/0302/article_359.php.

作一个概括,然后回答最后的问题。"学生经常这样说,"教室是无聊没劲的","历史是无聊的"。为了改变这种现状,有些老师把这种说法当作一种挑战,在课堂上开展了"使历史学习活起来"的展示性评价活动,并且想让其他的老师一起分享他们的创造性教学形式和活动,来鼓励、激发其他教师,给他们的学生以挑战。为此,教师们确定了一些主题,并设计了相应的展示性评价活动。例如,历史人物主题活动中,有一个案例是这样设计的:

题目:选择本年度人物。

目的:分析关于某一历史人物的信息,发展写作交流技能。

材料:报纸或杂志的例子。

在这个活动中,学生"变成"某一家有名报纸或杂志的记者。他们的任务是选择一个"本年度人物"。作为记者,他们要劝说主编把他们选择的人物作为标题。学生要写一篇文章清楚地陈述他们的理由,这一点对于学生来说很重要,即他们要在研究书本、杂志和原始材料、第二手材料的基础上,展示证据作为他们对于人物的支持。最后,学生要进行概括,即再一次陈述他们的观点,并且为他们选择的名人进行辩护。学生也可以设计杂志封面来纪念这个人物。在学生完成口头展示后,班里要进行选举,按照已经商定的标准,选出本年度人物。

展示性评价是学生个人或者小组展示与他人交流分享的过程。展示者全力展示自己的学习结果,观众也是积极相关者,主动从他人的展示中汲取经验教训,丰富与完善自己的结果(展示),做到个人与群体表现的相得益彰、取长补短、共同发展;展示性评价是评学一体的评价,评价驱动学生的学习。表现学习过程中,在表现性任务呈现或确定的同时,就要明确评价的标准(任务准则),作为学生、教师包括家长评价的依据,以此促进学生的学习;展示性评价是学习改进性评价。评价的主要目的在于帮助学生,并有责任为学生提供有益的反馈,如识别学生的强项和弱项,帮助学生自己明确今后应怎样继续学习或如何发挥其强项、如何进一步改进学习以发挥自己的学习潜能等。

第三章　表现学习的价值取向

学习理论是心理学中最发达的研究领域之一(施良方,1992)。心理学家们始终不懈地在寻找探析学习这种现象的新方式,形成了各种学习理论的流派。众多的研究者从不同的角度、带着不同的"先见"探究学习现象,得出有关学习的不同认识结果,如同古印度"盲人摸象"的传说一样,摸到象尾巴的盲人得出的结论与摸到象腿的盲人完全不同,而从象牙开始摸的盲人则得出另一番结论。

学习理论是对学习的本质、过程和条件进行研究的一门学科。现代意义上的学习理论,主要是指心理学范畴里的学习心理学。它是对学习的心理过程、条件及其本质作出解释的心理学分支学科。现代意义上的学习心理学是在 19 世纪以行为主义的面孔出现的。行为主义以巴甫洛夫的经典条件反射理论为基础,开创了现代心理学,同时也成了学习理论的开端。然而,在短短的一百多年时间,在心理学领域,同时也是在学习论领域,出现的流派之多,其研究的方法和基础之广,各种理论的差异之大,是在众多社会学科中少见的。虽然有不少学者试图整合各种学习理论流派,但是迄今学习理论界众峰林立的局面尚未有根本的改观。然而,透过各种学习理论流派,梳理学习理论的历史发展脉络,可以整理出三大有关"学习"的主要观点:把学习看作是刺激与反应的联结形成的过程,把学习看作是信息加工或知识结构的接受、获得的过程,把学习看作是人的自我概念形成、自我实现的过程。这三大学习的观点分别对应着行为主义的学习理论、认知主义的学习理论、人本主义的学习理论,也即我们常说的学习理论的三大阵营。[①]

第一节　学习理论的三大阵营

一、行为主义

行为主义的心理学本身就是在研究"学习"这一人类心理现象中建立起来的。美国心理学家华生(John B. Watson,1878—1958)在巴甫洛夫(Ivan P. Pavlov,1849—1936)的条件反射学说的基础上创立了早期的行为主义学习论。巴甫洛夫是一位生物学家,他以狗作为实验对象,发现了狗的条件反射现象。华生把它迁移到人类学习上来,进一步提出心理学应该摈弃意识、意象等各种主观的东西,而

---

① 王大顺.学习理论的发展及其对教学的影响[J].教育理论与实践,2006(11):21.

只研究能够被观察并能被客观地加以测量的刺激和反应。心理学不应该理会刺激与反应之间的中间环节——也即传统意义上称为"心里"的东西,它被华生称为"黑箱"。他认为人与动物之间并无分界线。这种以生物科学为基础的学习论,它的优势一如它的缺陷一样的突出:一方面学习可以从科学的角度进行观察和测量,学习理论真正地成为了一门学科,甚至是科学;另一方面,把人与动物等同,并且仅仅以不可观测为理由抛弃一切内在心理活动,而把人的行为单独割裂出来研究,注定它的理论只能停留在狭窄和低层次水平上。

斯金纳(Burrhus Frederic Skinner,1904—1990)的操作条件反射理论将学习理论研究从动物水平向人类水平发展的道路上大大推进了一步。这一步乍一看并没有太大的变化,学习似乎仍然只是刺激与反应的关系。但斯金纳却在这种看似简单的关系中,发现了传统条件反射理论的一个重大弱点。如在华生看来,"没有刺激,就没有反应",刺激与反应之间存在着不可改变的前因后果的关系,人的一切行为均是由外界环境刺激的结果。它的一句著名的格言就是:"给我一打健康的婴儿,如果让我在由我所控制的环境中培养他们,不论他们的前辈的才能、爱好、倾向、能力、职业和种族情况如何,我保证能把其中任何一个人训练成我选定的任何一种专家:医生、律师、艺术家、富商,甚至乞丐和盗贼。"[①]而在斯金纳看来,经典条件反射理论在学习的行为解释上存在着明显的不足。他在他的著名操作箱的实验中发现,行为反应未必一定要在环境刺激之后发生,而完全可以在刺激之前出现,即在正确行为发生后,再予以强化(即刺激),如图 3.1[②]。

于是,斯金纳区分了两种反应:"引发反应"与"自发反应"。并根据这两种反应提出了两种行为:应答性行为和操作性行为。前者是指由特定的、可观察的刺激所引起的行为,如在巴甫洛夫实验室里,狗看见食物或灯光就流唾液,食物或灯光是引起流唾液反应的明确的刺激;后者是指在没有任何能观察的外部刺激的情境下的有机体行为,它似乎是自发的,如白鼠在斯金纳箱中的按压杠杆行为就找不到明显的刺激物。应答性行为比较被动,由刺激控制,操作性行为代表着有机体对环境的主动适应,由行为的结果所控制。人类的大多数行为都是操作性行为,如游泳、写字、读书等等。

这样,经典性条件反射是 S—R 的联结过程被调了个,成为操作性条件反射是 R—S 的联结过程。而这一调个,让人类学习(即使是在最低层次的学习行为上)的主体性特征无形中得到初步确认。

---

① 约翰·布鲁德斯·华生(John Broadus Watson)著.李维译.行为主义[M].浙江教育出版社,1998:95.

② Brenda Mergel. Instructional Design & Learning Theory. http://www.usask.ca/education/coursework/802papers/mergel/brenda.htm. 1998.5.

经典条件反射 （巴甫洛夫）	操作条件反射 （斯金纳）
无条件刺激────→无条件反射 （食物）　　　　　（唾液）	反应────→刺激（奖赏） （压杠杆）　　（食物）
无条件刺激────→无条件反射 （食物）　　　　　（唾液） 条件刺激 （铃声）	条件反射──时间──→条件刺激 （压杠杆）　　　（奖赏）（食物）
条件刺激────→条件反射 （铃声）　　　　（唾液）	在操作条件反射中，学习者"操纵"环境，并因为某种行为（操作）而获得奖励。最后操作（压杠杆）与奖励刺激（食物）之间的关系得以建立。
在经典条件反射中，中性刺激与反射起来——铃声（刺激）与唾液（反射）。	

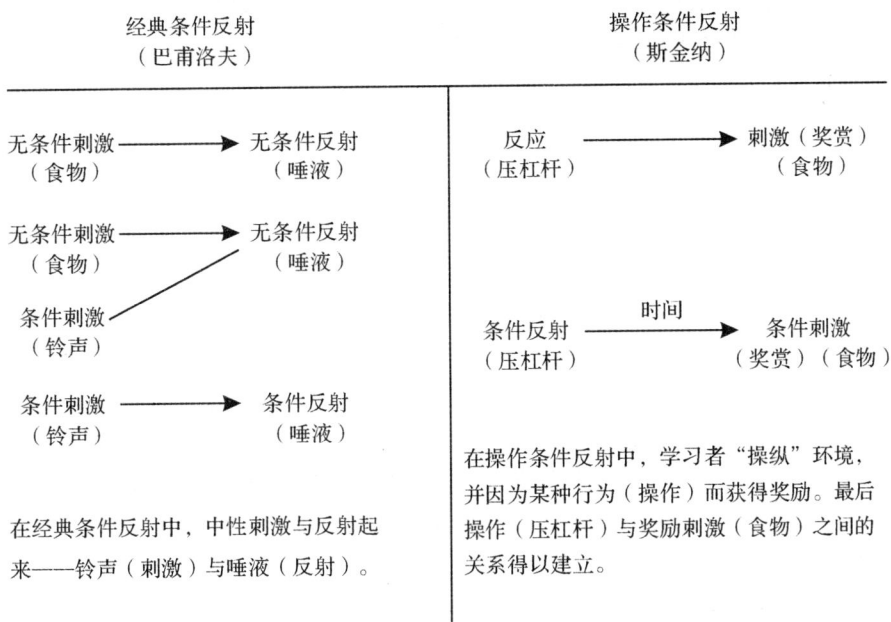

图 3.1　经典与操作条件反射

斯金纳使行为主义达到了一个顶峰，但他的理论并没有包含突破行为主义自我局限的可能性，因为他坚持着华生的"黑箱理论"。而真正做到这一点的是新行为主义者托尔曼（E. C. Tolman，1886—1959），他为刺激反应理论引入了中间变量，使 S—R 变成 S—O—R。他最为著名的是白鼠走迷宫的实验。托尔曼在实验中发现事先在迷宫中活动过的老鼠总能快速地选择正确的通道到达食物目的地，不管通道是否变得更远了，可见，老鼠已经在毫无外在刺激的情况下进行了学习。这促使托尔曼打开了"黑箱"。托尔曼认为个体的学习行为是有目的的，不是单纯地对刺激作出的反应，白鼠在走迷宫时根据对情景的感知，在头脑里有一种预期指导其行动。显然，这种预期的证实就是一种内在强化。他进一步提出学习包括了形成目标—对象—手段三者联系在一起的"认知地图"，并非学习一连串的刺激与反应。因此，他将行为主义 S—R 公式改为 S—O—R，其中 O 代表有机体（organism）的内部变化，亦即中介变量，它虽不是引起行为的基本原因，却是引起一定反应的关键，称为"行为决定因素"（Tolman，1932）。[①]

从这个实验中我们还看到了托尔曼提出的"潜伏学习"（或潜在学习）。它意指未表现在外显行为上的学习，亦即有机体在学习过程中，每一步都在学习，只是

───────────────

① E. C. , Tolman Edward Chace 著，李维译. 动物和人的目的性行为[M].浙江教育出版社，1999：21—22.

某一阶段其学习效果并未明确显示,其学习活动处于潜伏状态。

托尔曼是寻求认知过程和行为过程相统一的第一人,显然,他用动物实验的方式探讨了认知学习问题,给行为主义打开了潘多拉之盒,并被许多人称为认知心理学的鼻祖。

二、认知主义

可以说,认知理论就是试图解开黑箱之谜的理论,它试图解释个体在受到环境刺激时,其内部心理结构是如何对其进行处理的,以及这种心理结构是如何形成和改组的,而不再是关注简单的外在的刺激与反应的关系。认知理论和行为主义的根本性区别在于它把内在的认知活动作为学习的根本原因。"虽然,认知心理学家同样承认强化的重要性,但是,他们强调强化的反馈作用,而不作为一种激发行为的刺激物。即使认知心理学家接受行为主义的那些关于联结的概念,他们仍然把学习看作是人类通过加工和存储信息形成或改组认知结构的过程。"[①]显然,在认知学习理论中,人的主体性开始受到关注并被重新确立起来。

现代认知主义的学习论可追溯到完形心理学的顿悟学说。1913 至 1917 年,德国心理学家苛勒(Wolfgang Kohler,1887—1967)做过一系列黑猩猩吃香蕉的试验。他发现黑猩猩将两根短棍连接起来或者把箱子叠起来去够到食物。在这些情境中,苛勒发现黑猩猩在设法拿到香蕉时,不是像桑代克描述的那样不断进行尝试错误活动,而是对情境给予良好的观察,然后表现出了对解决问题情境的顿悟(insight)。顿悟学说虽然没有给出顿悟过程足够合理的解释,但是在行为主义之外开辟出一块领地,为六七十年代认知主义的兴起打下了基础。

二战后,随着信息时代的来临,这些方面的研究加深了人们对信息选择、接受以及信息编码、存贮、提取与使用过程的认识。系统论、控制论、信息论、计算机科学及语言学的兴起与发展促进了认知学习理论的产生。如加涅(Robert M. Gagne,1916—)累积学习的一般理论模式就直接借鉴了控制论与计算机科学的某些重要的思想。而语言学家乔姆斯基(Avram Noam Chomsky,1928—)批评斯金纳的行为主义,强调研究人的认知过程以及人的语言的先天性与生成性。

我们先来看加涅的学习与记忆的信息加工模型(见图 3.2),这个模型显然结合行为主义和认知主义的两方面因素。在整体上,外在环境的刺激和行为反应的模式被保留着,但重心已转移到刺激与反应之间的大脑对信息的记忆和加工过程。这个模型虽然没有摆脱行为主义束缚,但其工作记忆与长时记忆关系的探

---

① Good,T. L.,Brophy,J. E. Educational psychology:A realistic approach. (4th ed.). White Plains,NY:Longman,1990:187.

索,显然已经包含了认知结构理论因素。[①]

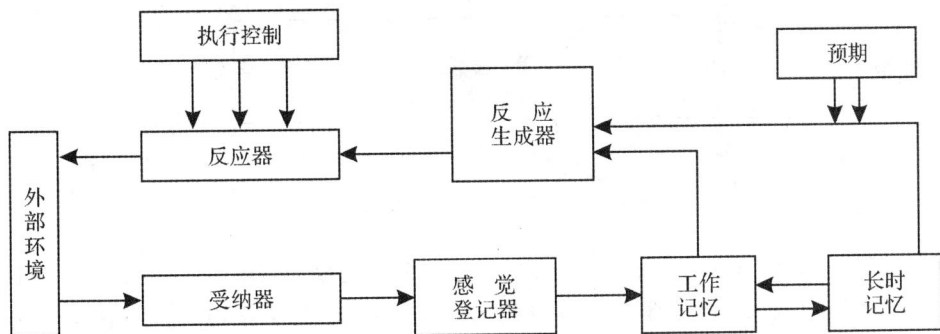

图 3.2　学习与记忆的信息加工模型

相对于加涅,布鲁纳(Jerome Seymour Bruner,1915—)和奥苏贝尔(David P. Ausubel,1918—)在确立学习者的主体性方面的道路上走得更远些,在他们看来,对学习过程的研究首先要考虑到学习者先前知识系统的基础性作用。

布鲁纳广为人知的是其发现学习理论,而它的重要理论基础"编码系统",可能容易被忽略。所谓编码系统,就是一组相互联系的、非具体性的类别,它是人们对环境信息加以分组和组合的方式,是不断地变化和重组的。编码系统的一个特征就是它的非具体性(nonspecificity),也就是在相关类别的编码中,越抽象的越在高层级,反之,越在低层级(如图 3.3)。[②]

在布鲁纳看来,学习者的编码系统中的类别对学习过程的推理和迁移起着至关重要的作用。因此,在研究学习时,最重要的事情,是要系统了解学生已有的编码系统(Letrancois,1982)。显然,布鲁纳更有效地解答了相对于加涅理论中长时记忆中的东西,把行为主义者避而不谈的黑箱进一步地展现开来。而且,在布鲁纳看来,编码系统不仅能够接受信息和组织信息,而且能够超越一定的信息,即产生创造性行为,或者是有所创造。

显然,布鲁纳的学习理论更容易倾向于把学习看作是由内而外的过程。

与布鲁纳的发现学习不同,奥苏贝尔似乎更强调接受学习。他的理论基础是认知同化说(有意义学习理论),即认为学习是学习者基于已有知识结构不断同化新知识的过程,而这一过程中原有知识结构也在不断分化与整合。他认为学习的本质在于掌握新知识的实质意义,学习基本条件是有意义的知识内容、已有的知识结构和有意义学习的心向。很多从事教学的工作者会容易想当然地认为发现学习突出学生的主体性,接受学习一定是被动的,前者更像是有意义的学习,后者

---

①　邵瑞珍等.教育心理学(修订本)[M].上海:上海教育出版社,1997:38.

②　邵瑞珍等.教育心理学(修订本)[M].上海:上海教育出版社,1997:325-326.

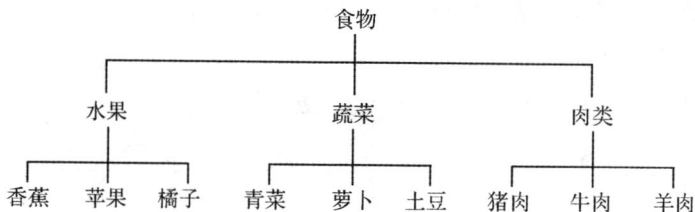

图 3.3 编码系统图示

则很容易变成机械学习。然而,奥苏贝尔使人明白判断学习是否有意义的关键不在于学习外在形式,而是学习者本身是否产生了意义,如果学习者没有在学习中形成意义,发现学习同样也会成为机械学习。我们从这里看到认知主义中更为进步的思想:真正地把学习者放到了知识学习理论研究的中心。显然,这种理论模式已经更加地接近于建构主义了。这正如大家所认识到的那样,在学习过程中学习者作为一个积极的参与者出现,是教育心理学中认知运动的一个重要方面。

三、人本主义

人本主义在心理学中被称为第三势力,但其在学习的研究上还没有出现一套十分完整的理论体系。我们现在看到的关于人本主义的学习理论的阐述,主要还是来源于罗杰斯。可以说,人本主义对于学习理论的贡献在于它为学习提供了一个更广阔的视域,即学习的研究必须以自我的发展为背景,或者说学习必须建立在学习者的整个人上。我们知道认知主义虽然把学习的研究建立在学习者内部活动上,但是很显然,认知主义是一种理性主义,它排除了个体的大部分的非理性、非智力活动的因素。因此,如果说,行为主义只是从其科学理性出发,只承认个体外部可观测的行为,那么,认知主义却传承传统的知识观,把学习主要当作一种内在的思维活动。他们共同的地方在于都只抓住了个体的某些方面去解释学习的机理。而人本主义却倡导学习必须基于个体自我的整体意义上。显然,人本主义第一次在学习理论研究上把完全确立学习者的主体性作为学习理论研究的目标。

马斯洛和罗杰斯都认为,人的最终意义在于人的自我实现,学习当然也要服从这一目的。在罗杰斯看来,学习便是自我概念的形成,是自我的实现。这种学习论是一种典型的自我中心论。罗杰斯认为,自我是"现象场"的产物。所谓现象场(phenomenal field),是指个人在意识中所经验到的此时此地的环境,是个人凭其主观所知觉到的内心世界和经验世界。他认为,虽然在某时某地的客观物理世界只有一个,但对于置身其中的不同个人,则各有不同的主观心理世界。个人现象场会随着生活经验逐渐改变和扩大,在这个过程中就产生了个人的"自我"。所谓自我(self),是指个人在其现象场对"我是谁?"问题的回答,包括个人对自己相貌、能力、生活目标、人际关系、成败经验等各方面的看法与评介①。

罗杰斯还概括了"自我"具有的四个特点:①属于对自己的认知范畴,包括对"我"的特点的知觉,以及与"我"有关的人和事物的知觉的总和。②具有有组织的、比较稳定的结构,自我虽然对经验具有开放性,新的经验成分会使得这种结构发生一定的变化,但是自我概念的"完形"性质则十分稳定。③只能表征那些关于"我"的经验,而不是控制行为的主体。这与弗洛伊德对自我概念的解释不同。④作为一种经验的整体模型,这种整体模型主要是有意识的,或可以进入意识的东西,通常能够被人所知觉。②

罗杰斯的学习论就是建立在他的自我论的基础上的。他把学习分为两类:①类似于心理学上的无意义音节的学习。这类学习只涉及心智,是一种"在颈部以上"发生的学习。它不涉及感情或个人意义,与完整的人无关。②意义学习。它不是那种仅仅涉及事实累积的学习,而是一种使个体的行为、态度、个性以及在未来选择行动方针时发生重大变化的学习。这不仅仅是一种增长知识的学习,而且是一种与每个人各部分经验都融合在一起的学习。意义学习就是塑造完整的人的学习。③

罗杰斯进一步提出意义学习的四个要素:①具有全人投入、个人参与(personal involvement)的性质,意义学习是左右脑并用的学习,学习者的情感与认知共同投入学习活动,学习过程中重视情感、体验,信任其机体感受。②是自我发起的(self-initiated),学习者具有内在的学习兴趣,"即使激发或者刺激来自外部,那种发现的感觉,达成的感觉,掌握和理解的感觉,却是发自个人内心。"③学习是渗透性的(pervasive),学习者所学得的,不是固定的、他人授予的客观知识,而是溶入个体情感、体悟的、真切的、全新的意义材料,成为人格结构的一部分,它会使学者的行为、态度,乃至个性都会发生变化。④学习是由学习者自我评价的(evaluated by the learner),因为学习者最清楚这种学习是否满足自己的需要,是否有助于获得他想要知道的东西,是否明了自己原来不甚清楚的某些方面。同时,这种自我发起的学习成为一种负责的学习。④

罗杰斯还提出了意义学习的原理。原理1:人生来有天赋的学习潜能;原理

①　[瑞士]皮亚杰.发生认识论原理[M].胡世襄译.商务印书馆,1997.

②　Martin Dougiamas. A journey into Constructivism. http://dougiamas.com/writing/constructivism. html. 1998. 12.

③　Martin Dougiamas, A journey into Constructivism, November, 1998. http://dougiamas.com/writing/ constructivism. html.

④　Smith, M. K. (1999) 'Learning theory', the encyclopedia of informal education, www. infed. org/ biblio/b-learn. htm, Last update: September 03, 2009.

2:意义学习发生在学习者对学习内容的个人意义有所认识的时候;原理3:意义学习是学习者主动自发、自我评价的学习;原理4:在较少威胁的教育情境中才能有效学习;原理5:意义学习往往是在面对、处理现实问题的过程中进行的。①

第二节　表现学习的价值取向

现代学习理论自行为主义诞生开始,它一直被不同的学者争论着,他们都从各自不同的角度来界定"学习"的概念。早期对"学习"概念定义的纷争主要集中在行为主义内部。行为主义深受经验主义和联结主义影响,并且在科学主义盛行的大背景下,必然把学习者可观测的外部行为作为学习的根本衡量指标,把学习者受到的环境刺激与行为的联结作为学习发生的唯一机理。这种学习理论必然只能在低层次的人类活动方式中作出狭隘的学习定义。可以说,行为主义的学习论最大的失败在于把人与动物进行等同,这也导致了对人类学习的复杂性、创造性和社会性的严重忽视。说到底,其根本的一点就是对人在学习中人的特性的否定。随后认知心理学和人本主义心理学从各自的理论角度突破了行为主义学习理论的内在局限,大大开拓了人们对"学习"本质的理解。认知主义学习论以理性主义为哲学基础。理性主义认为知识来源于推理,而不是感觉。因此认知主义把学习理解为获取知识和能力的思维过程。在信息加工学派中,这个过程就是短时记忆和长时记忆对信息加工和贮存过程;在布鲁纳和奥苏贝尔看来,它就是在已有知识基础上新旧知识相互作用而使认知结构形成或重组的过程。认知主义打开了行为主义的黑箱,从而也确定了人在学习中具有与动物不同的更高级形式的复杂性与创造性。人本主义心理学是作为行为主义的对立面出现的,虽然人本主义心理学还未能形成完整系统的具有说服力的学习理论体系,但人本主义学习论为人们对学习本质的认识提供了更为全新的视角。在人本主义者看来,学习的本质需要从人的自我存在性和人的自我价值中去探求。因而在人本主义中学习包括了人的智力、情感、动机、需求等等在内的所有构成完整人的要素。所以人本主义学习论的核心点就是要确立起学习中人的主体性,就是要把学习定性为"人"的学习。而最近将人们对学习本质的认识推向更深及更广范围的是建构主义学习论。建构主义的学习理论虽然在20世纪早期就有维果茨基以及后来的皮亚杰建立了理论基础,但其在西方学习理论界被真正意义上重视还是20世纪90年代以来的事情。当然,现在将建构主义学习理论理解为一种完整意义上学习理论学派似乎还尚早,或者说是一种学习理论思潮更为合适。建构主义的学习理论的另一

---

① Smith, M. K. (1999) "Learning theory", the encyclopedia of informal education, www. infed. org/ biblio/b-learn. htm, Last update :September 03, 2009.

大特征是其内部的流派纷呈,有与认知理论密切相关的认知建构主义(如布鲁纳和奥苏贝尔就被当作建构主义),有建立在维果茨基理论基础上的社会建构主义、文化建构主义,还有强调知识的主观建构性的激进建构主义,有与批判理论密切相关的批判建构主义等等。而所有这些都影响着学者们对"学习"本质的界定。在这纷繁复杂的建构主义思想中,我们可以发现学习理论正在获得前所未有的视界:对学习本质认识已经开始不再局限于认知主义和人本主义的个体研究范畴,而是被放在了整个人类的社会文化背景中。

　　纵观学习理论发展,我们可以发现,从行为主义学习论开始人们对学习理论的认识存在着一个不断扩展和加深的过程。虽然,这些认识的加深与扩展还没有达到完全颠覆行为主义并形成新的当代学习理论体系,但是种种当代的新学习理念已经开始形成。这些当代新学习理念对传统学习理论(特别是行为主义学习论)在学习所涉及的各个方面提出了挑战,这些挑战表明当代学习理论研究视域的新拓展,更加切合人类学习的实际,为人类学习的改进提供了新思维、新方法、新手段。①由客观性向主观性拓展。行为主义的刺激反应理论重视学习过程中外在反应,并否定刺激与反应间人的内部活动过程,使其学习论重结果轻过程;而从认知主义开始,学习本质都被解释为一种过程,这种"过程"由先前的重理性的客观主义发展到重主体体验的主观建构主义。②由知识本位向人本位拓展。行为主义的学习论以动物实验结果为依据,信息加工理论则以信息科学理论为依据,将人脑与计算机类比,这两种理论都假设学习是一种类似自然活动的纯客观现象,由此学习者被理解为一种客观的物的存在。随着人类学习中的动机、需求、情感、态度、价值观等主观因素发现和深入研究,大大动摇了学习活动的纯客观性假设,而人本主义更强调学习应追求完整人为目标,学习是自我实现的过程。这些都说明当代学习理论的研究转向了以人存在为基础、人的价值为归依的人本位学习论。③由个体性向社会性拓展。行为主义学习论实际上把环境刺激作为学习的决定性和唯一的因素,学习者是被动的被塑造者。然而,当代学习理论研究表明在人类学习中,环境并不仅仅作为一种刺激条件出现,人对环境会存在强烈的情感体验;另一方面从班杜拉观察学习的研究表明,榜样的作用是儿童学习的重要形式,这表明人与人之间的关系也是学习的重要因素,而不仅仅是物质环境才是学习的重要因素。当前一些新学习理念以维果茨基的社会建构主义为基础,更提出了学习的一个重要的社会性特征:学习离不开人与人的交往活动。

　　基于对话教学范式的表现学习就是学习理论发展新拓展背景下的产物,它立足于当代信息化社会以及知识经济时代的实际,把握学习理论向人本、主观、社会性等方向发展的时代精神,同时汲取经典学习理论的精华成分,以"表现"来聚集学习理论发展的时代精神,赋予学习现象以新的特征与意义,构建学习活动的基本运作框架体系。表现学习的理论以及实践体系折射出表现学习的独特价值取向。从价值哲学的角度而言,价值取向(value orientation)是一定主体基于自己的价值观在面对或处理各种矛盾、冲突、关系时所持的基本价值立场、价值态度以及所表现出来的基本价值倾向。价值取向具有实践品格,它的突出作用是决定、支配主体的价值选择,因而对主体自身、主体间关系、其他主体均有重大的影响。表现学习的价值取向主要体现这样几个方面:客观与主观的统一、智力与非智力因素的统一、个体与集体的统一、内化与外化的统一。

一、客观与主观的统一

如果从日常概念中去质问学习(learning)是什么,多数人会将它理解为人们为了获得知识而进行的活动。显然,基本的一点是学习作为一个动词,它表达了过程性与目的性的统一。然而具体到学习理论,不同流派对学习是一种目的性的获得,还是获得目的的过程有各自不同理解和侧重。前者试图把学习理解为一种静态的行为或知识信息的获得,重在客观结果,可以称为客观主义学习论(认识论);后者试图把学习理解为一种动态的内发过程,重在主观建构,可以说是一种主观主义学习论(认识论)。前者的极端例子是行为主义,后者是建构主义,特别是激进建构主义。而从行为主义到建构主义正反映了现代学习论从重结果维度向重过程维度、从教师的教向学生的学的转变。

有关客观主义的认识论的内涵,美国教学设计专家威尔逊(Brent G. Wilson)认为主要包含这样几个方面的含义:[①]①从"实在"(reality)的性质来看,客观主义认为世界是真实、客观的,它外在于人的心灵、不以人的意志为转移。相反,人的心智是主观的,它受控于外部的"客观实在",其目的就是要通过可分析、可分解的思维过程来"映像"出真实的世界。②从知识的性质看,客观主义认为知识是对"客观实在"的摹写或反映,它外在于认识者,是稳态的、可靠的,因为它所反映的事物的本质是可知的,是相对不变的。③从人类交往的性质看,知识意义获得的工作主要是由科学家等专家学者来完成,一般人只是接受和传播这些知识,显然,这就必然导致知识的霸权,人类的交往因此只能是一种权威和控制的关系。④从科学的性质来看,科学是一种发现客观真理的活动,它排斥任何主观意志。

"客观主义"的学习理论认为,事物的意义是独立于认识主体之外的,它完全由事物本身来决定。人类作为认识事物的主体,对事物的理解过程就是把这种意义移植到自己的头脑中。"世界是真实的,是结构化的,是结构能够示范给学习者

---

① Wilson, B. G. (1997). Reflections on Constructivism and Instructional Design. Available at http://carbon. Cudenver. edu/~bwilson/construct. html.

……客观主义假定学习是一个把那些实体或概念绘制给学习者的过程"。[①] 行为主义学习论就是这种客观主义的模型,认知加工学习理论的心理学基础也来自于这种客观主义。

传统意义上而言,大多数西方的心理学教科书仍然都把学习解释为一种由经验引起的持久行为变化,且这种变化是可以被观测得到的。这里的"变化"并不是指变化的过程,而是指变化的结果——行为,可以观察到的行为(变化)。行为主义之后的心理学研究发展表明,把学习归结为外在行为的变化,并不能说明人类学习的所有内容。把学习简单地归结为外在的行为变化会引发人们的质疑,例如:①是否必须依次地操作才能产生学习? ②是否还有其他因素造成行为变化? ③这种变化是否包括行为变化的潜能?[②] 当代一些具有行为主义倾向的学习理论学家已经把学习范围从行为变化扩展到行为变化的潜能,把引起行为变化的原因由环境刺激扩展到个体经验。但是正如人们所质疑的,造成行为变化的并不仅仅是经验,实际在没有改变个体经验的情况下学习同样可以发生。还有条件反射会造成个体行为变化,但未必会使个体的经验转变成个人的知识。

主观主义认识论实际上就是建构主义的认识论。这种认识论的基本内涵主要包括:①关于"实在",建构主义认为实在是由我们赖以生活的各种事物和关系的网络构成的,认识者在他的经验以及他与环境的交往的基础上,解释并建构了"实在",因此,"实在"实际上是一个经验的世界。②关于知识的性质,建构主义认为没有客观或绝对的价值。知识是个体建构的,它内在于人的心灵中,是个人对真实世界的解释。"知识必须被理解成一个动态的系统,是不断变化、不断重塑的。"[③] ③关于人类交往,我们的交往依赖于共享的或相互间的协商的意义,本质上是合作的,而不是一种权威和控制。④关于科学,科学实际上是一种意义的创造活动,与人类其他活动一样,科学也是带有偏见的,是经由人的价值观作出的筛选的结果。

建构主义认为知识不是也不可能是对现实的准确描述,而是主体对客观世界一种暂时的解释或假设。人创造着意义而不是获得意义,因为从经验中得到的意义绝不止一个,所以我们不可能掌握一个预先决定的"正确"的意义。在建构主义看来,知识具有生成性,是主客体相互作用的结果,因此,建构主义更重视学习中

[①] Jonassen,D. H. Evaluating Constructivistic Learning. In:T. M. Duffy&D. H. Jonassen (eds.), Construtivism and Technology of Instruction:A Conversation. Lawrence Erlbaum Associates, Inc,1991:138.

[②] Merriam, S. and Caffarella. Learning in Adulthood. A comprehensive guide, San Francisco:Jossey-Bass,1991:124.

[③] Norton,P. When Technology Meets the Subject-matter Disciplines on Education. Part one:Explaining the Computer as Metaphor. Educational Technology,1992,32(6):40.

个体的主观能动性;知识还具有情境性,个体知识的形成总是与个体的经验和特定情境密切相关,情境不同,个体所建构的知识也不同,知识现身于相关的情境中,为了理解每个人置身其间的学习,必须考察其实际经验;最后知识的习得还具有对话性,也就是说,个体只有和他人对话以及交往才能不断学到知识,丰富和改变已有知识。建构主义在对"学习"的解释上,不同于行为主义机械的反映论和认知主义的客观经验主义,而是将学习看成个体依据经验来创造意义,并在活动中不断地修正自己内部的心理结构的过程。它强调学习是个人独特的认知过程,学习者建构着不同的网状知识结构。而学习动力来自于学习者内部动机,学习由学习者自己控制和负责,它重在深层理解和问题解决,学习结果的检验靠自我评价,靠学习过程的表现,靠真实问题的解决。

知识的本质应从过程和结果两个方面来看。从知识的获得过程而言,它是主观建构的,是主观的;但从知识获得结果而言,知识是客观的,独立自在的。所以,知识既是客观的,又是主观的,是主观与客观的统一。学习者在学习时,学习目标是客观化的知识,但在学习客观知识的过程中,必须先将知识主观化,学习者将通过自己的理解、建构,生成着对所面对的学习内容的个人化的理解。这是知识学习的第一阶段。在第二阶段,学习者需要将自己的理解、领会到的知识,以外化的方式将其表达展示出来,在个体和群体协同作用的基础上,保证自己的理解符合学习的目标,学到的是预期所学的知识。先内化理解,而后表达外化,经过知识主观化和知识客观化的两个过程后,学习的过程才算完成。

表现学习以"知识目标→知识理解→知识表现"为过程,最先告知学习者学习目标和表现任务(知识掌握学习等方面目标)。学习目标和表现任务也就是教师的教学目标,它是客观自在的,是需要每位同学准确掌握的。而后,学生在老师的引导下,通过集体与个人的互动,在学习共同体的学习氛围中,完成知识的个人化理解和建构,生成着对于知识内容的认识和体悟。在这一阶段,由于知识的学习是学习者的自我建构过程,所以,建构的结果可能是正确的,与教学目标一致;也有可能是不正确的,偏离了教学目标。这一点,也是个人建构主义信奉者始料未及的,所以,需要知识客观化以判断学生对学习目标是否掌握的过程。最后,学习者以擅长的方式,将自己对知识(教学目标的理解)掌握的结果展示出来。结果的展示反映学习者对知识的理解、掌握与运用的水平,也是对学习者知识理解正确与否的一个检验。表现学习过程体现了知识形成的主观化和客观化的完整过程,体现出完整学习所必须经历的两个环节,所以说它是客观与主观的统一。

二、智力与非智力因素的统一

当一种学习理论的学者们倾向于认为学习是一种结果时,它就更容易倾向于把学习的意义定位于获得外在特定的结果,而当它倾向于认为学习是一种内在的过程时,就更容易把学习和人内在心理活动结合起来。然而,当他们认识到人的心理活动不能简单地分割为情感、态度、动机和需求等等若干个方面,而必须看成一个不可分割的整体时,他们就越容易认为学习涉及人的整个自我意义的形成。总的来说,在行为主义者看来,学习就是由经验引起的行为变化。行为主义学习论者认为学习的普遍意义在于改变人的外在的可观察的行为;信息加工学派和认知主义倾向于认为学习是一种客观结果(知识或技能)的获得,但同时又必须经历一个内在的智力活动的过程;建构主义认为外在客观而确定的学习结果是不存在的,学习必须是一个主观的过程,所谓知识的意义随着个人的不同而变化,这样他们把学习理解为个人创造意义的过程;在人本主义者的观点中,学习归结为自我概念的形成与改变,并被理解为一种追求自我实现的过程。

　　行为主义以及信息加工学派的学习观是"知识本位"的。知识本位学习观倡导把知识传授作为学习的目的和出发点,以知识的掌握程度作为考核标准,片面强调知识对于人的终极意义。知识本位论强调掌握知识的数量、精确性和系统性,强调对既成事实知识的机械记忆。它把复杂、互动的教与学过程简单化为知识的告诉与被告诉过程,它以知识掌握的水平作为评价学习行为的标准。其本质是一种"知识理性"。知识本位的学习导致学习者:①主体性的丧失:以知识传授与掌握为目的的教与学,往往采用灌输和强化训练的方式,学生总是被动地接受知识,缺少主动积极的思考和探究,缺少心灵对话和情感体验,因而学习者的主体性大大丧失。②情感性的缺失:知识工具理性时代,人被作为技术和工具使用,人成为了技术和工具的目的,而消弭了自己的生命性和情感性。在知识本位的学习观支配下,不是人控制知识,而是知识控制人,人在无所不能的知识面前蜕化为只能一味接受知识的"知识人",只是能呼吸的容纳知识的容器,人被评判的标准只是他对知识的掌握,人的价值仅在于他掌握知识的多寡及在多大程度上利用自己所掌握的知识进行生产。③生活性的缺失:在生活和知识的相互关系中,生活是第一位的,是先于知识存在的价值标准,应该是生活规定他对于知识的态度,也应该是知识规定他对知识追求的广度和深度。然而,知识本位学习观照之下,知识被当作认识的唯一的、有效的结果,人的世界就是知识的世界,它否定人和世界的全面相关性。这样的观念割裂了人与生活的关系,造成人与世界的"分居"。

　　认知心理学对行为主义的一大突破是把学习理解为人的一种智力活动,但学习理论不能仅仅限于此。因为仅仅依靠人的思维活动不能产生有效的学习活动,即使出现了学习活动但这种活动也不能持久。这就说明学习并不能仅仅理解为是一种智力活动,而需要同时考虑非智力因素的影响。非智力因素这一概念是伴随着智力概念的提出和心理测验的蓬勃发展而出现的。20 世纪 30 年代,美国心理学家亚历山大对斯皮尔曼的"二因素论"和瑟斯顿的"多因素论"提出挑战。他通过一系列的测试和实验,发现在大量的智力测验中有很多相关变量被忽视,而这些相关变量就是被试对作业的兴趣、克服困难的坚持性及企图成功的愿望等等,它们对测验成绩起着相当重要的作用。1935 年,他在其论文《具体智力和抽象智力》(Intelligence, Concrete and Abstract)①中首先提出了非智力因素的概念。我们通常说的智力因素是指人们在认识活动中形成的稳定的心理特征,包括观察力、注意力、记忆力、想象力和思维能力等;而学习中的非智力因素有广义和狭义之分,广义是指智力因素以外的一切心理因素,狭义是指由动机、兴趣、情感、意志和性格等组成的影响学习的心理因素。现代学习理论对学习的智力因素和非智力因素的两方面的研究表明学习过程是由学习者这两方面的因素相互作用、协调统一的发展过程。用公式表示为:$A = f(I, N)$(A 代表学习的成功,f 表示函数关系,I 代表智力,N 表示非智力因素)。众多心理学研究说明人的学习具有整体性,对其理解必须基于人的全部的心理活动。同时研究还发现人与人在学习上差异主要还是集中在非智力因素上,因为人的智力主要在一种常态分布中(80~120),具有稳定性,但非智力因素即使同一个人在不同时间、不同状态下也显示出巨大差异,而这种差异性恰恰向我们说明学习并不是想象的那么简单。

表现学习是智力与非智力因素统一的学习。表现学习怀着积极的人性观,相信人是一种创造性的存在,一种理解性和体验性的存在,永远处在不断生长和自我更新的状态中,处于不断理解和体验的过程中;表现学习认为人是一个整体的人而不只是一个认知主体,"无论是教师还是学生都是以整体的生命,而不是生命的某一方面投入到各种学校教育中去的"。② 表现学习重新认识人的智力,以多元智力理论为基础,相信每一个人都可以运用自己的智力优势和学习风格而取得成功;表现学习深信,每位学习者都具有学习的能力和能动性,学习是人的一种生存方式;表现学习认识到学习的互动性和社会性,采用与真实生活中的学习相一致的理念和实践方式,构建一种文化生态的学习环境,使学习更为真实、高效。

表现学习以问题(表现性任务)为中心启动学习。学生为了解决问题就要去大量获取有关信息,释义这些信息,进行判断与取舍,生成与建构外化展示的模型,展示学习结果,评价与反思自己的学习过程与结果。在这样的过程中,学生一方面获得了大量信息与知识,另一方面也培养了学习的能力,如收集信息的能力,选择、判断、解释以及加工信息的能力,分析与解决问题的能力,交流、沟通以及合作学习的能力,等等,同时也激发、培养与发展了学生学习的非智力心理因素,如乐表现、爱表现的意愿,自我实现的需求等。表现学习在知识理解的基础上,通过智力操作,将知识运用于解决问题的实际并把这个结果外化展示出来,以展示自

---

① Alexander W P. Intelligence concrete and abstract. British Journal of Psychology Supplementary, 1935, 6:169—177.

② 钟启泉. 解读中国教育[M]. 北京:教育科学出版社,2000:18.

我、肯定自我、提升自我，同时悦纳他人。这是一种创造性的学习活动。学生对知识的理解，是建立在学生生活经验的基础上，并调用自己已有知识经验、激发自身内在兴趣需要与动机，全身心地投入到"表现"的过程中。在学习结果的外化展示时，每个人（小组）都是依据自己的理解，做出符合自己个性和风格的表现来。在这里，学生个人的独特表现与群体的多元化表现相得益彰，学习的创造性体现得淋漓尽致。

三、个体与集体的统一

我们都知道行为主义的学习理论是以巴甫洛夫的条件反射生物学研究为基础的，这一理论基础本身也就决定了行为主义的学习论必然是一种环境决定论。在经典条件反射理论和桑代克的情境反应论中，外在环境刺激是塑造人的行为的唯一理由。斯金纳的操作条件反射理论突出了行为学习中人在受到环境刺激前可以主动发出某种行为，但在他看来，学习的产生仍然是由于环境刺激对于学习者的正确行为的强化作用。因此斯金纳并没有改变行为主义在学习理论上的环境决定论。然而，稍加思考便会发现这样的理论把人类学习和动物学习进行等同，从而完全忽视了人类学习应有的社会属性。

认知主义者改变了行为主义不谈意识在人认识客观世界中的作用，突破了行为主义学习论者人兽不分、以动物学习推及人类学习的藩篱，强烈地反对使学习者被动地学习机械、零碎的知识，追求学习者认知结构的建立，培养学生主动求知的能力。[①] 认知加工取向的学习理论认为，知识是一种以图式或程序性技能等为表征形式的结构，学习就是学习者运用已有知识经验对新信息的主动加工，增强认知能力以及元认知能力。在认知主义者看来，学习往往被看做是在学习者个体内部发生的思维过程。

行为主义和认知主义学习论是一种"个体主义"的学习论。个体主义学习论强调学习是在个体身上发生的知识获得与思维能力增长的过程。"注重的是学习者个体，研究的主要是在个体身上发生的、以个体活动形式完成的学习活动，是单个学习者面对环境所进行的学习，是一种'个体户'式的学习。"[②]

难道人的学习是学习者个人的事吗？是学习者内部发生的过程抑或是依靠由自我行为引起的强化吗？显然，如果这一假设成立，那么人类学习就是一个"孤独的"、极其辛苦甚至充满冒险的过程。事实上不是，社会学习论的创立者班杜拉

---

① 郑葳著.学习共同体——文化生态学习环境的理想架构[M].北京：教育科学出版社，2007：73.

② 郑葳著.学习共同体——文化生态学习环境的理想架构[M].北京：教育科学出版社，2007：83.

(Albert Bandrua)在实验中发现了人类的观察学习(observational learning)现象,也就是说儿童可通过对榜样行为的观察而进行行为学习。他认为在观察学习中榜样实际上起到了替代性的强化作用,学习显然并不单纯依靠由环境刺激引起的个体自我行为的强化,学习显然可以与另一个人的行为有密切的因果关系。维果茨基在人类高级心理机能与言语发展关系研究中第一次真正地把学习与人际交往联系起来,充分地突出了学习的社会性特征。在维果茨基看来,人的高级心理机能的发展就是由交往而实现的个体间的心理机能向个体内部的心理机能内化的过程。"在儿童的发展中,所有的高级心理机能都两次登台:第一次是作为集体活动、社会活动,即作为心理间的机能,第二次是作为个体活动,作为儿童的内部思维方式,作为内部心理机能。"①最典型的是思维工具——言语的发展,言语起初作为儿童与周围成年人交际手段而产生,其后才逐渐变成儿童的内部言语和心理机能,并成为思维的工具。他的"最近发展区"理论就以这种交往-发展说为基础的,儿童的发展是从独立完成学习任务所对应的现有发展水平,向在集体活动中或在成年人指导下完成较难学习任务所对应的潜在发展水平过渡的过程。因此,集体活动或成年人指导成为儿童发展的交往条件。

当代建构主义学习观深受维果茨基和皮亚杰影响,同样强调学习的交往性。"社会建构论"(social constructionism)突出知识的社会性,认为知识是随着对话的继续而不断产生的。它"将合作或对话过程视为教育过程的核心",认为在合作学习的过程中"学生之间进行的交流起着主要的教育作用。一个人通过加入、联合和批判性地考察别人的观点来学习,通过互动还可以产生各种新见解"。②再以社会-情境学习论为例,这种新近出现的学习论认为,学习的本质并非在于学习者获得对世界认知的结构与模式,而是在于学习者对已经存在的社会架构的参与。

从现代心理学开始,学习理论的研究主要一直着眼于个体的研究,仿佛学习始终是个人的事。在行为主义看来,学习是由环境刺激对个体的强化造成的,这里的环境刺激几乎与生物学意义上的环境刺激没有根本的不同;而即使班杜拉的观察学习也同样没有完全摆脱学习的个体研究的视角。在信息加工学派和认知主义中,学习被理所当然地认为主要是在大脑内部发生的事,这种观点虽然相对于行为主义的观点而言是一种突破,却同样把学习理论研究带入去背景化、抽象化的理性主义境地。而在人本主义,甚至某些建构主义学派中,它们虽然突出了学习者的主体性特征,认为学习与学习者自我主观状态是分不开的。但是,总体上来说,对学习中学习者的生活状况及人际关系的研究仍显不足。我们不难发

---

① 维果茨基教育论著选[C]. 北京:人民教育出版社,1994:430.

② 陈佑清.交往学习论[J].高等教育研究,2005(2):24.

现,从维果茨基以来的社会建构主义、协作学习、社会情境学习论等在学习理论研究上的发展说明了一种新学习理念的兴起,即学习存在于人际关系中,存在于学习者参与其中的各种对话中,存在于社会生活的人与人交往中[①]。这就是社会交往,亦即"集体主义"学习论,它强调在具体学习情境中的人际交往、集体合作和多维互动。人的学习尤其是学校的学习是在一定社会历史文化背景下,学习者个人努力与集体影响(对话、交往、互动等)共同作用的产物,是学习中的"个体主义"与"集体主义"的统一。

表现学习倡导学会表现,促成个体的独特性表现与群体的多样性表现相结合。学会表现既要求学习者积极承担个人责任、尽自己的一份力,也要主动分享他人经验、取他人之长。表现学习的目的一方面是通过表现检验自己、展示自己、肯定自己;另一方面是在表现中与大家共享、相互取长补短,通过共享的过程不断地完善自己、发展自己,人人都有收获,个个得到提高。在实践过程中,要把表现和共享结合起来,避免为了表现而表现,既要求每个人有更好的表现,取得更好的收获,又要求让大家理解和共享,大家一起分享成功,分享快乐。[②]

表现学习围绕表现性任务的完成而组织学习的活动。在完成表现性任务的过程中,学生要利用自己已有的经验,作出合理的推理假设,积极探索问题的答案,体现出学习的个体性。同时,在学习的每一个阶段上,表现学习都倡导与鼓励小组合作学习,尤其在学习结果的表现展示环节,更强调创设表现的平台,营造鼓励表现的环境,突出学习的集体性。即使是表现者、"表演者"也不是唱"独角戏",常常是几个人一起,共同展示他们问题解决的成果。表现学习非常强调个人在团队中的地位和作用,从而使个人之间的竞争转化为小组之间合作与竞争。由于个人责任的强调和合作精神的渗透,使得表现学习更加具有组织性,其真实性得到了有效的强化。

表现学习还注重创建一种文化生态性学习环境——学习共同体,使学生能够在一种相互信任,相互尊重,民主、平等而又安全的环境中,探究知识的价值、生命的意义。从理解的角度而言,意义的形成很少是由个人独自完成的,而是借助语言及其他工具等中介系统,通过社会协商合作实现的。由于认识不仅植根于物理环境中,同时也分布于人们所存在的文化和历史中,因此,该群体中的每一个人都储存并保留了整体系统的文化或记忆中的一部分,共同体的每一个构成要素,包括个人、群体、个体间的话语、社会关系、任务目标、人工制品及理论方法等,都为共同体的文化作出了自己的一份贡献。

---

① Murphy, P. (ed.) Learners, Learning and Assessment[M]. London: Paul Chapman, 1999:17.

② 盛群力,肖龙海等.论倡导学会表现[J].课程·教材·教法,2001(9):24—27.

四、内化与外化的统一

行为主义假设,可以通过可观察的外部行为表现——即对各种环境刺激的反应来了解人类。行为主义学习理论认为,人类的思维是与外界环境相互作用的结果,即"刺激—反应",有什么样的刺激,就会有怎样的反应,刺激和反应之间的联结叫做强化。通过对环境的"操作"和对行为的"积极强化",任何行为都能被创造、设计、塑造和改变。学习是塑造外显的行为,而内部的心理状态是不可知的。学习是刺激—反应的联结,人的反应完全由客观刺激决定,是可观察、可测量的外在行为表现,而且是一种被动的行为表现。班杜拉的社会学习理论认为,人类的许多行为可以通过观察学习而获得,而不一定通过经典条件反射或操作条件反射形成。这些观察心理表象或符号表征的形式储存在大脑中,来帮助儿童模仿行为。这些学习理论强调学习发生的原因在于外部条件,主要研究学习的外部条件、可观察的外在行为反应。从学习信息论的角度而言,这种学习主要强调信息的输出过程(有时也可以说是知识的应用过程),可以说是一种"外部学习"或简称"外化"。

认知主义理论认为人的认识不是由外界刺激直接给予的,而是外界刺激和认知主体内部心理过程相互作用的结果。根据这种观点,学习过程被解释为每个人根据自己的态度、需要和兴趣并利用过去的知识与经验对当前工作的外界刺激作出主动的、有选择的信息加工过程;同时学习者个体也会不断地根据反馈信息来调整自己的认知。通过这个过程,个体所学到的是思维方式,即认知结构(cognitive structure),这是一种"内部学习"或者简称"内化"。

布鲁纳将个人对其环境中的事物,通过知觉将其转换为内在心理事件的过程,称为认知表征(cognitive representation)。他认为知识获得过程的基础是认知表征。个体认知表征的方式分为三个阶段:动作表征(enactive representation)、形象表征(ieonic representation)、符号表征(symbolic representation)。布鲁纳强调,教学活动最重要的任务是,根据学生知识表征的发展过程,教会学生如何思维,如何从求知活动中发现原理和原则,组织成属于自己的知识经验。奥苏贝尔(D. P. Ausubel)的意义学习理论也被称为认知—同化学习理论。他指出,意义学习就是学习者把知识的客观意义转化为自己的心理意义,成为自己知识结构中的一部分。学习是学习者用已有的相关知识来理解。加工新信息的过程,这一过程也就是在新旧知识间建立联系的过程。学习的心理机制是同化。学生能否获得新信息,主要取决于他们认知结构中已有的有关概念,意义学习就是通过新信息与学生认知结构中已有的有关概念的相互作用才得以发生的;由于这种相互作用的结果,导致了新旧知识意义的同化,也即内化。

建构主义学习理论认为,学习不是由教师把知识简单地传递给学生,而是由学生自己建构知识过程;学习是学习者根据自己的经验背景,对外部信息进行主动选择、加工和处理,从而获得自己的意义;外部信息本身没有什么意义,意义是学习者通过新旧知识经验间反复、双向的相互作用过程而建构的;学习意义的获得,是每个学习者以自己原有的知识经验为基础,对新信息重新认识和编码,建构自己的理解。在这一过程中,学习者原有的知识经验因为新知识经验的进入而发生调整和改变;建构是学习者通过新、旧知识经验之间的反复、双向的相互作用来形成和调整自己的经验结构。这种双向的相互作用具体表现为同化和顺应的统一。这两种形式都是内化的过程,都是将外界信息内化为学习者的个体知识,然后进行记忆和存储,形成学习者的素质和能力,并根据外界的需要随时可以提取和运用。①

当代学习理论研究结果表明,学习不是外化或内化的单一过程,而是内外化相统一的过程。学习就是通过感知和实践去获得(内化)特定对象(目标)并达到能将其应用(外化)的心身活动。学习的过程,开始感知和实践是输入信息,新知识是在旧知识的基础上生长出来的,是内化而成的新思维模块。新知识的生长有一个渐进的过程,大的内化外化过程中套着小的内化外化过程,内化外化有先后。因此内化外化是交互重叠、环环相扣的。可以看作是边内化,边外化(输出),外化促进、验证、校对内化,再外化,最终形成新知识。输入是内化过程的开始,输出是外化过程的开始。学习活动是从输入开始、输出结束为一个轮回的过程。内化与外化是学习的一体两面,有"输入"有"输出",有"来路"有"回路",有"思维"有"表达",有"认知"有"情感"……这才能构成学生学习活动的全部,外化是学习不可或缺的部分,是应用的部分,学以致用,这才是真正、完整意义上的学习。已掌握的知识外化为新知识内化创造条件,新知识内化为复杂性外化创造了条件,复杂性外化为新旧知识的综合应用创造了条件,新旧知识的综合应用为创造性外化创造了条件,创造性外化的同时,更新的知识又进入内化。学习活动就是实现内化与外化的不断平衡。②

传统的"内化型"教学,"一切都以学生能够记牢会做(题)为核心",千方百计把知识灌输、储存到学生"大脑里"就万事大吉,教学手段非常贫乏、单一,学生的学习只是依赖教师的灌输和大量反复练习。这种教学是以纪律控制来维持组织教学,以师讲生听来传授新知识,以背诵、抄写来巩固已学知识,以多做练习来运用新知识,以考试测验来检查学习效果。当然,我们倡导的表现学习并不是一种从一个极端走向另一个极端的"外化型"教学,而是一种内化与外化相统一的教

---

① 刘智运.学习理论的新发展——内化与外化的双向建构学习理论研究[J].教学研究,2008(4):283—290.

② 学习的内化与外化[DB/OL].http://xingfu.ntjy.net/articles/40044.

学。表现学习围绕着"表现性任务"（问题）的设计、呈现、领会、完成、展示来组织课堂学与教的过程，其中有内化的过程，也有外化的过程，是两者相辅相成、相互促进与发展的过程。

表现性任务是一种学习任务，是学生要获得的一个结果，并且是展示出来的一个"产品"，是外化的一种方式，但不是所有的外化方式。表现性任务的完成，需要内化与外化的共同参与。学生个体或学习小组为了完成表现性任务、解决问题，就要大量收集、获取有关信息，对所获取的信息进行判断、选择、释义等加工处理，并根据展示的需要生成外化的模型，做到"胸有成竹"，这就是一个内化的过程，同时也伴有一定程度的外化活动在其中，是相互促进的一个过程。可以这样说，没有内化就没有外化。在表现性任务完成结果的展示阶段，主要是学习结果的外化过程。所有表现性任务，都是为了表现（外化）内化的成果，但表现、展示并不是单纯的外化，也是内化外化的交互层叠、环环相扣的过程。像表现性任务展示中的口头表述，如做课堂演讲、参与辩论等。通过口头表述的测查，可以较好地反映学生的表达能力、思维的逻辑性和概括能力，还能在一定程度上反映学生的思维过程以及对所掌握知识的理解程度。这正是内化以后的外化来检测内化的成果。特别是学生知识面的宽窄程度、口头表达能力的高低、与人交流与合作的能力的高低以及其他非智力因素的发展水平等都能较好地反映出来。所以，"任务驱动"的表现学习方式，以"表达"促阅读、以"表现"促思考、以"展示"促活动，生为主演，师为导演，内化于心、外化于行，让教学在彼此质疑、共同思考之中展开，让学生的学习在彼此交流、相互促进之中深入，真正让课堂焕发出生命的活力。

第四章　表现学习的基本要义

第一节　表现学习的理念

表现学习是一种基本的学习方式。它倡导"学会表现"——将所吸收的东西以适当的方式外化出来，由内而外，以内养外，通过表现达到善待自我与欣赏别人、个体多样表现与群体共同发展的统一。表现学习所信奉的基本理念主要是：儿童是天生的表现者，学生是表现的中心，教师是表现的促进者。①

一、儿童是天生的表现者

很多人都会遇到过这样的事。每当家里有客人的时候，孩子都特别高兴，而且爱在客人面前表现自己，以获得客人的称赞。这是儿童的一种心理特征，心理学称之为表现欲。我们之所以经常说儿童是天生的发明创造家，这不是指大家都会有小发明小创造，而是说儿童都有表现的欲望。儿童总是有问不完的"为什么"：今天天气为什么这么好，为什么下雨、闪电和打雷，为什么天空是蓝的，为什么妈妈要进城……"儿童的强烈好奇心常常使我们成年人感到惊讶和出乎意料。可以想象，儿童虽然接受许多事物，却不能完全理解它们，所以，惊讶态度会持续很长时间，好奇心也不断得到新的激发。"②儿童的表现欲是一种积极的心理品质，当儿童的这种心理需要得到满足时，便产生一种自豪感。这种自豪感会推动儿童信心百倍地去学习新东西，探索新问题，获得新的提高。为了使儿童的身心健康地成长，我们应该正确对待并注意保护儿童的表现欲，切不可无视或压抑儿童的表现欲。让儿童在不断的自我表现中发展自我，完善自我。

儿童的表现欲，蕴含着他们对自然与社会的无限好奇，对自身力量的一种尝试检验。正是通过表现（例如探究、质疑、摸索、尝试、构造、拼接、涂画、弹奏、儿童口头与书面沟通、操作或摆弄、身体运动等等），儿童的天性得以充分展露。例如，有位教师在教《詹天佑》一课时通过"小小模拟招标会"给学生表现的机会，学生的表现欲望无限舒张，取得了意想不到的学习效果。

课文一开始没有直接记叙詹天佑如何主持修筑京张铁路，而是不吝笔墨地展

---

① 肖龙海.论表现性学习的理念[J].课程·教材·教法.2006(2):26—29.
② [德]海纳特.创造力[M].陈钢林译.北京:工人出版社,1986:30.

现了上世纪初我们的主人公受命于危难之间的复杂背景和面临的巨大困难。——这离学生的生活相差了近一个世纪，难以引起学生的共鸣！针对这种情况，我建议学生开展一个"小小模拟招标会"，引领他们跨入时光隧道，去触摸一百年前的时代"脉搏"！在"招标会"上，帝国主义者的狂妄自大与险恶用心昭然若揭，他们那黔驴技穷、虚张声势、寸步不让"狗咬狗"的种种丑态被同学们"刻画"得淋漓尽致，入木三分！当时修筑京张铁路的各种"人为"和"客观"上的重重阻力便也自然而然地"显山露水"了，一个有血有肉的爱国工程师的形象也呼之欲出！①

（一）相信学生有精彩的表现

教师要相信学生潜藏有巨大的发展能量，坚信每一个孩子都是积极向上的，都是可以健康成长的，都是有培养前途的，是有表现欲望和表现能力的，而且有丰富的、奇特的想象力，有精彩的表现。教师应对每一位学生充满信心。当教师的都可能有过这样的感受，不少后进生在课堂上学习知识时表现得沉闷不语，无动于衷，而在某些活动中却生龙活虎，聪明伶俐；不少顽皮生，在课堂纪律约束时没有学习的兴趣，而一到课外却判若两人，表现得淋漓尽致。可见学生是否有精彩的表现，关键在于教师。

假若教师在教学中能创设宽松和谐的氛围，设计生动有趣的表现活动，让学生有积极参与学习活动的兴趣，那么学生就会有教师意想不到的出彩的表现亮点，使课堂燃放出学生精彩表现的光芒。在上述《詹天佑》课例中，教师设计了一个生动有趣的表现活动：假如你是詹天佑的小助手，你能帮他画一张设计图纸，并给大家汇报一下设计意图吗？课堂成了学生们精彩表现的天堂。在冠以"工程师小助手"头衔的"诱惑"下，同学们来劲了：他们三人一群，五人一伙，画的画，演的演，讲的讲，还真是煞有介事的！从中折射出学生难以想象的潜力，每个学生的心里都充盈着创造的激情、蓄积着表现的欲望、扑棱着翻飞的想法！每位学生都认为自己的设计图纸是最佳的，在他们激烈的讨论中，课堂成了他们彼此交流、合作、享受成功的乐园！②

（二）尊重学生独特的表现

每个人都有自身的独特性。学生由于遗传素质、家庭环境、生活经历、知识水平、学习能力等等的不同，他们所具有的"内心世界"就有差异。也正因为客观存在的兴趣、爱好、需要、追求、性格、智力等方面的各不相同，因而在学习中，每个人的认知、情感、体验、价值观也会各不相同。教师一定要尊重学生的这种独特性、差异性，不能用教师自身的领悟或统一的标准去衡量学生的学习、学生的表现。否则，将扼杀学生的个性，湮没学生独特的意想不到的精彩表现。

---

① 孙惠芳.让学生的表现欲望无限舒张——我教詹天佑[N].中国教师报，2003-02-26.
② 孙惠芳.让学生的表现欲望无限舒张——我教詹天佑[N].中国教师报，2003-02-26.

例如,有位教师教《暮江吟》一课时有这么个片段。在学生初步感知诗的字词及大意后,让学生用自己喜欢的方式表现诗美。学生的表现方式精彩纷呈:选择读的,读到入情处,摇头晃脑,有滋有味;选择画画的,三两笔的勾勒,颇有意韵;选择说的,加上自己的想象,充分体现了现代儿童的想象力和语言表达能力。渐渐的,举起的手都放下了。教师问了一句:"还有别的方法吗?"准备进入下一个环节,正在这时:

> 一个学生犹豫了一下举起手,兴奋地说:"老师,我可以唱吗?""啊?"全场一片惊讶,包括听课的老师,大家把目光都集中到这位学生的身上,看得他有点不好意思了。我连忙鼓励道:"好呀,为什么不可以呢?"他想马上就唱,我笑着说:"慢着,先把话筒给他,再给点掌声。"学生的情绪上来了,清了清嗓子,就唱了起来。旋律是二册音乐的补充教材《闪烁的星星》,他把"一闪一闪亮晶晶,满天都是小星星……"改成"一道残阳铺水中,半江瑟瑟半江红……"更妙的是他把古诗的后两句,"可怜九月初三夜,露似珍珠月似弓。"反复了一遍。全场报以热烈的掌声。学生脸上的笑容很灿烂。[①]

二、学生是表现的中心

人本主义心理学认为,学生具有学习潜能并具有"自我实现"的学习动机,因此,教师不是要学生怎样学,而是提供学习手段、营造学习环境,由学生自己决定怎样学。在教学中,教师只是顾问,而非教导者,更非操纵者。表现学习强调以学生的表现为中心,让学生在民主、和谐、宽松的氛围中活动、学习、探究,让学生无拘无束、畅所欲言,让学生爱表现的天性得到充分的展示。在表现学习中,学生自己要引发学习动机、提出学习问题、设计表现任务、决定学习内容、规划学习进程、判断表现结果并能自觉反思完善。

在加拿大全国排名前 10 名之内的优秀中学圣·米尔德里德-莱特伯恩高级女子中学,谁都有机会"表现自己"成为学校教育的一大特色。正是学生这种"表现自己"的愿望和能力给参观者留下了深刻的印象。在一次科学探究学习活动中,发现和提出问题;运用已有知识做出自己对问题的假想答案;根据假想答案,制定简单的科学探究活动计划;针对计划广泛收集、整理从书刊以至网络上获得的科学资料;通过观察、实验、制作进一步了解科学事实,并获取证据;在已有知识、经验和实验的基础上,通过简单的思维加工——逻辑思维和创造性思维,得出

---

① 牟锡钊. 给学生表现的机会[J]. 素质教育(人大复印),2004,(3):47—48.

自己的结论;用多种方式表达探究结果,进行交流,并参与评议;等等;全过程都是以学生的学习、探究、表现为中心。

在一间宽敞并配有大屏幕电脑投影设施的教室里,我们观看了学生们利用两周时间,以小组形式外出调查、探究,然后所撰写的有关科学、历史题材论文的课堂展示会。30多名女学生面对大屏幕,有的坐在椅子上,有的坐在地毯上,还有的学生索性趴在地毯上,姿态虽然不一,但神情却都很专注。当老师让一个学生读出随机抽到的某个题目时,承担研究该题目小组的4名同学就一起走上讲台,面带微笑,从容地开始了演讲。她们通过操纵投影电脑,每个人依次分别介绍其研究内容、研究方法、探究过程和最终结论,并不时与台下同学通过互相提问进行交流。

主讲的4名学生充满自信,说话条理清晰,又不乏幽默感;下面听众提出的问题颇有深度,且针锋相对;双方辩论时思维敏捷,相互点评生动活泼。此时老师则通过细致地观察、分析,在评价表上对台上每个学生按科学有效、表达能力、技术使用和小组准备4个方面分别给出不同的四级水平成绩。而另有一位学生操纵着摄像机,把上述过程一一录下,以便课后学生们通过"回放"了解自己的"表现"有哪些不足,从而加以改进。[①]

(一)学生是信息的加工者

表现学习的结构或者说表现学习活动的操作程序是以问题(任务)为中心,获取、释义、生成、表现、评价五个基本阶段构成一个表现学习圈。表现学习的首要任务就是要学会搜集、获取、整理和吸收相关信息;学生要成为"自我导向"的学习者,知道自己需要什么样的信息,能自己选择与判断信息,并有较强的能力自己获取信息和资源,比如通过调查、收集、观察、阅读、交谈等方式获取相关信息。

学生自己要对所获得的信息进行选择:哪些信息应该保存,哪些信息可以删除或可以忽视;对精选出来的信息作进一步地解释与分析,明确其内涵,分辨其间的相互关系,并以某种方式对它们进行组织,比如分析、综合、比较、类比、归纳、概括等,并反复地进行思维加工,逐步达到对所获信息详细、深入地理解。在释义、理解、组织的基础上,学生自己要根据表现任务的需要,通过设计、开发、创意等高级心理活动,建构信息的意义、生成外化的表象,同时,还要自己考虑表现的对象、方式、效果等。

特级教师王崧舟在《天地一堂课——相约拱宸桥》的教学中,要求学生以小组

---

① 翟立原.学生要有表现自己的欲望[N].中国妇女报,2003-04-09.

为单位,开展前期探究学习。包括查找拱宸桥的各种信息和知识,实地采访拱宸桥周边地区群众的生活等。上课时,师生共同走上拱宸桥。学生分成5个组,自由考察拱宸桥。教师巡视,并参与其中一个组的考察。学生不仅要自己获取信息,也要自己对所获取的学习进行组织加工,以解决有关问题或完成一定的表现任务。王老师要求同学们以电视台编导的角色,根据他们对拱宸桥地区的了解和研究,选择拍摄某些景观。学生们先以小组为单位,讨论讨论。教师参与其中一组的讨论。下面的片段我们就可以看出学生是怎样把他们所获取的信息加工到他们要完成的任务中。[①]

师:讨论非常热烈,看来建议肯定不少,是吧?哪个小组先来说说你们的建议?(生踊跃举手。)

生:(手指"洋关"的方向)我们小组建议电视台拍摄市二医院的"洋关"。(师生随着该生手指的方向望去:在拱宸桥东面,绿树掩映中,一幢铁锈红的小洋楼。)

师:能说说你们的理由吗?为什么要拍洋关?

生:因为洋关是杭州市的文物保护单位。

生:因为洋关已经有100多年的历史了。

生:因为洋关是日本人侵略我们杭州的罪证。

生:因为洋关是一幢比较古老的小洋楼,看上去挺有味道。

师:"洋关"到底是什么东西,我也不是很清楚。你们小组给大家做个简单的介绍,行吗?

生:我们小组去看过洋关,它就在市二医院内。(出示实地考察时自拍的洋关照片,生围拢观看。)

生:市二医院的张阿姨告诉我们,甲午战争失败以后,腐败无能的清政府与日本人签订了《马关条约》,条约中将杭州列为通商口岸。日本人于是就把拱宸桥一带划为通商场地,设立了"洋关"。洋关其实就是日本人在拱宸桥设立的海关。洋关包括海关办公楼、附房、码头、验货场等。

(二)学生是表现的合作者

它表现为个体充分展示自己、实现自我提供了机会。一方面,我们强调学生要有自身的责任感,把表现的过程看成锻炼、检验自身内化、习得、仿效的舞台。没有自身责任感的人,没有自我调节能力,表现时总差强人意,相形见绌。这种表

① 王崧舟.天地一堂课——"相约拱宸桥"课堂实录与解读[J].人民教育,2004,13-14:25-29.

现,除了偶尔能出出风头,娇揉做作之外,实际上并不会给表现者带来多少成功感。我们所倡导的表现,是要求每一个人都扬长避短,自我加力,拿出真才实学展示自己。同时,在表现的过程中,权衡利弊得失,选择最佳方式、吸取经验教训和提高充实自我。另一方面,学习者的表现总是在一定的社会情境中展示自己的才华与品格的,所以,每一个人在表现中给别人带来了愉悦和启迪,同时也从别人的反应态度中得到收益。在群体环境下的表现,不只是表现者的输出过程,同样是从观察者(欣赏者、效仿者乃至评论者)中汲取养分回馈自身的过程。更何况,自我的表现和他人的表现可以彼此分享、相互激励、共同提高。在表现学习中,团队合作学习具有重要的地位,因为即使个人的表现也离不开团体的支持和关注。在表现学习的过程中,要重点组织好学习小组之间的合作,使学生在小组活动中责任到人、协同互助、利益一致,分享经验,争取"双赢";同时,在各类校园、社区活动中,如班队活动,才艺节活动以及各类家庭活动和社会实践活动等,注重学生之间的合作。表现学习也强调学生之间的交流与分享,要求学生在学习活动或探究活动中及时、勇敢地展示自己的才华与品格,带给别人愉悦和启迪,同时要求自己善于倾听和欣赏别人的表现,从别人的表现中获得收益。

在《我爱我家》的教学课例中,教师布置学生在课余时间小组合作完成摄录任务。收集家庭感人故事,用相机或摄像机记录下来。如:家庭的感觉——家庭的介绍,可以照片为主;我在家庭中成长——"我"的成长历程,照片、摄像均可;父母是我们的启蒙老师,家庭是我们的第一所学校——父母对"我"的教育;天伦之乐——大家庭的温暖;其他感人故事——父母的一天,各种难忘的家庭故事。然后,在信息技术课时间,教师指导,小组合作完成编辑。将拍摄的照片和摄像剪辑合成,配上音乐、字幕或画外音,制作成主题明确的小影片。最后是以小组的形式展示结果。第一小组的代表用苹果机播放了他们制作的影片,伴随着轻柔的音乐,大屏幕上展现了一个漂亮的家,配上深情的解说,让大家了解到这个温馨的生活环境和优越的学习环境都是父母辛劳换来的,也体会到孩子对父母的感激和热爱。能够展示自己拍摄和制作的作品,学生们非常兴奋;能够分享班里别的同学家庭的温暖,同学们也非常快乐。台上展示的同学声情并茂,台下观看的同学神情专注。[①]

(三)学生是表现的分享者

在表现学习中,一方面,学生要有自身的责任感,把表现的过程看成锻炼、检验自身内化、习得、仿效的舞台。没有自身责任感的人,没有自我调节能力,表现时总差强人意,相形见绌。这种表现,除了偶尔能出出风头,娇揉做作之外,实际上并不会给表现者带来多少成功感。我们所倡导的表现,是要求每一个人都扬长

---

① 白智敏.我爱我家[J].人民教育,2004,13－14:64－67.

避短,自我加力,拿出真才实学展示自己。同时,在表现的过程中,权衡利弊得失,选择最佳方式、吸取经验教训和提高充实自我。另一方面,学生的表现总是在一定的社会情境中展示自己的才华与品格的,所以,每一个人在表现中给别人带来了愉悦和启迪,同时也从别人的反应态度中得到收益。在群体环境下的表现,不只是表现者的输出过程,同样是从观察者(欣赏者、效仿者乃至评论者)中汲取养分回馈自身的过程。更何况,自我的表现和他人的表现可以彼此分享、相互激励、共同提高。在上述加拿大圣·米尔德里德-莱特伯恩高级女子中学科学课的表现展示过程中,学生彼此共享探究的结果。主讲的学生不是例行公事、讲完算数,而是要把自己的成果条理清晰、生动活泼地报告给大家;作为下面听众或观众的学生不是你讲你的、不关我事,而是积极参与、分享他人的经验与成果,所以,他们提出的问题才有深度、才会针锋相对,双方辩论时才会思维敏捷,相互点评时才会生动活泼。

再如,《伟大的悲剧》(人教版)是一篇介绍 20 世纪初英国探险家斯科特到南极探险的文章。斯科特想成为第一位到达南极者,然而当他们快到南极时,发现挪威探险家已先于他们到达了,非常沮丧。这位失败的英雄与他们的队伍在归途中悲壮覆没,成为伟大的悲剧。执教者先是利用投影幻灯片,低沉婉转的音乐创设一种氛围,让学生在这样氛围下,自主阅读、咀嚼、品味教材,用感情去与作者产生共鸣。随后,她让学生选择自己最欣赏的一个段落来朗读。当有一名学生提出,最令他感动的是,斯科特发现雪地有滑雪杆,有人先他们到达南极,接着又发现挪威国旗时,那种"快快不乐"的沮丧心情。该同学提出一个问题:"这里罕无人烟,斯科特他们为什么不去拔掉挪威国旗,竖起英国国旗,这样做还是可以作为第一位到达南极的人,回国也可以宣传宣传。"执教者十分敏锐地抓住在学生中迸发出的课程资源,立刻组织一个小型讨论会,让同学们设身处地去想一想,如果你是斯科特,你是怎样想的? 怎样做的? 这一来,教室顿时热闹起来了,同学们纷纷起来争着发言,各抒己见,还不时发生激烈的撞碰。执教者并不作过多干预,只是不时提醒大家,既要积极表达自己意见,也要学会聆听别人的想法。经过 10 多分钟的辩驳,同学们慢慢趋同了一种观点:即使我是斯科特,也绝不能拔别人的国旗竖自己的国旗,人是要讲究诚信的,诚信是做人立身之根本。①

三、教师是表现的促进者

表现学习注重学生在和谐宽松的氛围中进行学习,人人参与活动,在实践中、娱乐中主动体验、合作、探究、获取、表现、分享。与之相适应,教师的教学行为必

---

① 　陈健兴.为了学生的"学"而教[J].现代中小学教育,2003(7):17.

须体现"以学生为本"、"以促进学生表现为本"的趋向：帮助学生设计表现主题；帮助学生组建优质学习小组；点拨学生学习和表现中遇到的确实需要帮助的困难；鼓励学生积极参与表现；帮助学生检视和反思自我，明确想要学习什么和表现什么；为学生提供有效的表现内容和恰当的学习方式；帮助学生寻找、搜集和挖掘有利于表现的课程资源；营造和维持学习和表现过程中的良好的心理氛围；帮助学生选择合适的评价方式，并促进学生对自己和他人进行评价；帮助学生发现自己的潜能和特长，并时时展示自我；鼓励学生学会合作，并在合作中分享快乐等。

（一）教师是表现的组织者

表现学习是在教师精心组织下的有目的的学习活动。表现学习的信息与资源、表现任务与活动、表现展示与评价等，都需要教师的积极筹划、精心组织与准备。

例如，教师通过创设特定的情境，组织学生的表现学习活动。一位教师在教《三顾茅庐》时，在学生充分阅读之后，让学生扮演刘备、关羽、张飞、诸葛亮以及文中的其他角色。使学生通过想象理解角色在特定情境中的地位，以及与其他角色的关系，进一步引导学生体验角色的情感。学生表演时，教室里气氛热烈，扮演角色的、作为观众的，个个都兴奋不已，如身临其境。在此情此境中，学生对角色的情感，很自然移入所扮演的角色。这种教学方式使学生的整个身心都投入到教学活动中，他们俨然成了真正的主角。[1]

再如，在《斗智》课例中，教师为学生创设了这样的情境。在我们的生活中，就有像老狼一样狡猾、凶恶的坏人，你能像这只聪明的大公鸡那样巧妙脱险吗？（群情激昂地回答："能！"）。老师接着出示：第一题，爸爸、妈妈不在家的时候。第二题，放学路上。第三题，带钥匙的孩子。并提出要求：①读一读题目。②议一议可能会发生什么事。③演一演对话。主要表现出坏蛋的狡猾和你的聪明机智。活动方式要求：自由结合，到指定场地。（整个教室沸腾了，足足三分钟才变得有秩序。）从人员分布上看，近一半学生对第一题"爸爸、妈妈不在家的时候"很感兴趣，其他两题人员几乎均分。[2]

1.组织表现学习资源

在传统的教学中，教师成了各种教科书、教学参考资料的简单照搬者，教材成为课堂信息的唯一来源，学生的学习从课本到课本。表现学习首先要组织丰富的信息与资源，尽量让学生多吸收、多掌握，多积累，丰富内蕴，为外化表现奠定坚实的基础。在组织信息时，教师要充分利用教材，尽力挖掘教材中蕴藏的可表现因素；同时要注重拓展教材，增加信息量，打破学科界限，体现信息组织的综合性、实践性。

① 牟锡钊.给学生表现的机会[J].素质教育（人大复印），2004,（3）:47—48.
② 赵丽.斗智[J].人民教育，2004,13—14:68—71.

2.组织表现学习活动

虽然说学生是表现学习的中心,但也不是一切唯学生是从、教师围着学生转。学生由于受自身经验与知识水平的限制,在表现学习中,诸如表现主题与任务的设计、评价标准的制订、学习气氛的营造、学习环境的创设、小组讨论的开展、表现平台的提供,等等,都需要教师的积极筹划,精心组织。

3.组织表现学习评价

发挥评价促进学生发展,改进表现学习的功能。要关注学生知识的掌握,行为表现,合作交流意识和能力;要关注思维的策略、水平及解决问题的能力;更要关注学生的学习过程及整体发展。表现学习要实施多元、多方法、多途径的评价,充分发挥评价的诊断与激励作用,使评价的结果转化为激发学生学习与表现的动力。

(二)教师是表现的引导者

每一位学生都有自己的躯体、自己的感官、自己的思想、自己的性格、自己的意愿、自己的头脑与思想基础、知识基础、行动的标准等。因此,在学习过程中,学生只能按自己的学习方式、自己的习惯、自己的喜好开展学习,这是别人所不能替代的。然而,教师要让学生自己读书、自己感知、自己观察、分析、思考,从而使自己获得亲身体验、获取知识与感悟。如此这般并不是说就可以忽略教师地位,并不是说在课堂教学中教师跟着学生转,无所事事。要想让学生成为学习的主人,要想让学生放开手脚,张扬个性,要想让学生在课堂上乐于表现、善于表现,教师的作用不可低估,教师的引导包括指导仍然是关键。可以说学生是不是能学得很有趣,是不是能学得很好,是不是能健康成长,是不是幸福快乐,都和教师有极大的关系。表现学习强调既充分确立学生的学习主体地位,又努力凸现教师的主导地位,使两者有机地统一在表现学习的过程之中。教师在深入吃透教材、开发课程资源,细心、耐心、诚心研究学生的前提下,通过表现任务设计、资源的组织、任务的履行、结果的展示、评价与反思等,积极引导甚至是指导学生的表现学习。

例如有位教师在教《清平乐·村居》一课时,就是这样引导学生展示学习结果的:

师:刚才,大家通过阅读、看图、讨论等方法读懂了词句的意义,你还想通过什么方式说明你读懂整首词了?

生:我想有感情地朗读。

师:好啊!

……

师:除了读,还能通过什么方式说明你读懂了?

生:老师,我们同桌两个能表演吗?

师:这种学习方式好!演好了,就说明你读懂了!

生:我想把这首词描绘的情景写下来。

生:我想把这首词描绘的情景画下来。

生:这首词应该有歌谱吧? 我想把它唱出来……

教师把学生在课堂上"生成"的问题作为课外进行探究性学习的课题。下一节课,让学生汇报各自探究学习的成果。①

……

1.学生的表现意愿需要教师的调动和激发

虽然我们说儿童是天生的表现家,但如果教师在学生心目中过于神圣和威严,那么,即使学生有强烈的表现欲,有时也难免会战战兢兢,会在教师并不欣赏他们的神态表情中,自觉或不自觉地收敛和克制自己的表现,因此,教师的一举一动、一言一行都会与学生心理、行为表现的积极与否息息相关。我们认为,只有教师具有强烈的"学会表现"意识,注意自身的教学语言,教学行为,让一举一动、一言一行都成为点燃学生表现欲望的星星之火,营造一种利于学生表现的氛围与环境,才能维护与激励学生爱表现的天性。

2.学生的表现能力需要教师的指导与培养

学生仅有表现的欲望和热情只是学会表现的前提。我们不仅要激发学生的表现意愿,还要培养学生的表现能力。而表现能力与心理品质、知识底蕴、表现方法、表现技能等有关,这种相关因素都有一个从低级到高级的发展过程,它不仅是在学生主体的表现过程中得到渐进发展,同时需要得到教师有意识的引导、指导与帮助。

第二节 表现学习的内涵与特征

一、表现学习的内涵

(一)表现学习的概念

学习是什么? 虽然学习自人类诞生开始,便存在着,甚至可以说学习是人类之所以成为人的原因,但是这个问题,真正开始从学术意义上被人们所追问、所重视,似乎还是19世纪以来的事。造成这种现象的原因,显然和"学习"这一概念深入人们生活本身分不开,一提到"学习",人们似乎不言自明。然而,一旦放到学术领域中,给出一个"学习"的科学而完整的定义,而且能够为大家所接受,似乎变得

---

① 魏星.建构开放的课堂——清平乐·村居教学设计[J].人民教育,2004,(13—14):31—33.

比较困难。19世纪以来,西方世界出现的各种关于学习的定义和学习理论流派,异彩纷呈,可以说,很难作出一个准确的统计。以下仅是当前一些有代表性的说法:[①]

(1)学习是由经验引起的持久行为改变(Haggard,1963)——行为主义。

(2)学习是人们对他们所处世界理解、感知和概念化的方式的改变(Ramsden,1992)——认知学派。

(3)学习是获得知识和专业技能的过程(Malcolm Knowles,1998)——成人教育学。

(4)学习是学习者以他们对所处世界的经验解释为基础的个人建构和社会共同建构(Jonassen,1999)——建构主义。

(5)学习产生于实践的共同体(Tennant,1997),强调社会实践,学与做结合。

还有,人本主义心理学一般把学习看作是自我概念的变化或自我实现的过程。

在这些种种关于学习的概念中,基于行为主义观点的定义仍然是被普遍引用,也是教科书中的常用概念。如:学习是一个主体在某个特定情境中的重复经验引起的、对那个情境的行为或行为潜能的变化。不过,这种变化是不能根据主体的先天反应倾向、成熟或暂时状态(如疲劳、酒醉、内驱力等)来解释的。[②] 一般而言,学习是有机体适应环境的手段。有机体为了生存与适应,必须不断地改变自己的行为。经验积累引起的行为倾向变化的过程,也就是学习的过程。[③]

学习的实质是人的成长与发展的过程,学习与人的一生相伴。人的发展是全面的、整体的、有机的,因此我们应全面、综合地来理解学习的概念,所以我们认同这样的学习概念:"学习是指学习者因经验而引起的行为、能力和心理倾向的比较持久的变化。"[④]

实际上,人们在提到学习时,可能有两种状况:日常生活中人们的"学习"概念和不同学习理论流派中关于学习的学术定义。这两者显然是有很大差别的,然而,理论家总是会忽视两者内在的联系。事实上,人们在生活中关于"学习"的概念与那些学习理论中关于"学习"定义的差距比人们想象的要小得多。有人对已成年学生所理解的"什么是学习"这一概念进行过调查(Säljö,1979)。该调查区

---

① Shanta Rohse. definitions of learning, http://shantarohse.com/2007/04/definitions-of-learning

② G. H. Bower and E. R. Hilgard. Theories of Learning, Englewood Gliffs, Nj: Prentice Halol, 1981.

③ 施良方. 学习论——学习心理学的理论与原理[M]. 北京:人民教育出版社,1994:2—3.

④ 施良方. 学习论——学习心理学的理论与原理[M]. 北京:人民教育出版社,1994:3.

分了五种人们通常所理解的"学习"的概念：①

(1)学习是知识在数量上的增长。学习就是获得信息，或者说，"知道更多"。

(2)学习是识记。学习就是贮存可重复利用的信息。

(3)学习是获得事实、技能和方法，它们能被保存起来，需要时可以随时利用。

(4)学习是感知和概括意义。学习关乎某个主题各部分间的关系以及它与世界的关系。

(5)学习是用不同方式解释和理解现实。学习关乎通过重新解释知识来领悟世界。

我们可以认为，一切学习理论关于学习的解释的最终意义在于它能有效地促进我们对"学习"在它生活意义的理解。而反过来，学习理论的建构应当也可以从人们的日常"学习"开始。这正是我们可以大大突破行为主义的地方。正是在这种对学习本质理解的前提下，我们来探讨表现学习的内涵及其有关特征问题。

目前，我们视野所及国内外有关表现学习的概念界定并不多，主要有以下几种：

美国学者布茨(Helen L. Burz)和马歇尔(Kit Mashall)认为：表现性学与教聚焦于学生就所知而所做的学习活动。也可以说表现学习是一种知必行或做的学习活动。②

美国学者迈克尔(K. Michael)的界定是：表现学习和评估是通过有意义的、学生专注于完成表现性任务活动，来获取、应用知识技能以及培养学习习惯的一系列学习策略。③

另一位美国学者杰夫(Jeff W. Durham)指出：绝大多数人都会同意表现学习是一种在环境中做什么事的学习方式，即作出表现。④

在美国密苏里州的"名校法案"(Outstanding Schools Act)中，没有有关表现学习的明确界定，然而，该州教育目标在重视知识和技术基础的同时，强调能够把自己的知识运用于实际生活情景也是同样重要的。活动、动手学习有益于各个年龄阶段学生的发展。其中提出的有关"表现性目标"就是指提出需要学生从事的

---

① Smith, M. K. (1999) "Learning theory", the encyclopedia of informal education, www. infed. org/ biblio/b-learn. htm, Last update: September 21, 2007.

② Burz, H. L. et al. Performance-based Curriculum for Social Studies—From Knowing to Showing. Thousand Oaks, Calif. :Corwin Press,1998:3.

③ K. Michael et al. A Teacher's Guide to Performance-Based Learning and Assessment. ascd. 2004:1.

④ Jeff W. Durham. Performance-Based Learning：The Key to Your Success. http:// www. certmag. com/default. asp.

活动,它描述的是学生的心理感受、体验或明确安排学生表现的机会。①

综观上述几个有关表现学习的概念,学者们的界定大同小异。他们有关表现学习内涵的界定有很多共同之处:第一,是在一定情境中的作业或操作(performance)、"做"(do something);第二,"做"、作业或操作的目的是获取、应用知识技能以及培养学习习惯;第三,这是一种学习方式方法或策略(体系)。

为此,我们认为表现学习就是通过在一定情境中的作业或操作主动获取知识技能、培养情感态度的一种学习方式。

表现学习内涵的核心概念是作业或操作(performance),学习者是在实际作业或动手操作活动中进行学习。"作业或操作"是区别于其他学习形式的突出特征,其形式是实际动手操作,而不是言语行为或静听、静观、静思。作业或操作主要在两种活动中展开,一种是工具性的活动,它以物质性的工具作用于实际事物,如制作、实验、劳动、工具游戏、雕塑、绘画和器乐演奏等;另一种是身体器官活动,其特征是,活动者以自身身体器官的动作为作业或操作对象,如唱歌、跳舞、戏剧表演和各种体育活动等。

"作业或操作"的实质是"做中学"或"学中做",其思想来源是自杜威的"做中学"(learning by doing)。杜威认为,知识就是经验,而经验就是人与自己所创造的环境的"交涉"。所以,儿童要学习知识,要获得"经验",就必须与社会、自然有所交涉,也就是要去行动——活动。只有当儿童主动从事活动,积极地去"做",才能注意周围世界,探索世间万物之间的联系,才能去思维。行动是获取真知的唯一途径,因此"做中学"成为教学思想的基本原则。教学方法也应该出自于行动、经验和操作。杜威指出,所有成功的教学方法都取决于它所创造的情境,情境可以激励人去行动。教学时应该给儿童一些事情去做,而不是让学生静听、静读。

以杜威的观点来解释,"做中学"的"做"就是人的生物本能活动。本能就是不必经过学习,人生来就具有的"人性与行为"。杜威提出,人有四大基本本能:制造的本能、交际的本能、表现和探索的本能。在这四种本能基础上,发展出四种兴趣,即制作的兴趣、语言与社交的兴趣、艺术表现的兴趣与探究发现的兴趣。这些本能和兴趣就是学生学习活动的心理学基础和动力。教学必须激发、利用学生的这些本能倾向和兴趣。而制作、社交、艺术表现、探究都属于"做"的范围。因而提倡从"做中学"将适合一个人的大部分需要和大部分人的基本需要。不难看出,杜威所强调的"做中学",实质上是在本能和兴趣活动中的学习。换言之,即人生来需要活动,这是天性。但人的活动是一种潜能,只有当外界刺激时才有外在表现。因此,人的行动表现为对刺激的反应。所以在教学中,教师应不断创设情境,提供

---

① 张勇,付方方.美国密苏里州的教育目标:知识＋表现＝成功[J].基础教育参考,2004,(1—2):43—45.

刺激,学生才能不断做出反应,进行积极主动行动,从而促使每个学生(有机体)与环境相互作用而获得刺激,不断做出行动,不断获得经验。

传统教学以前人知识、课堂讲授和教师作用为中心,而恰恰忽视了最重要的一点:教学过程的主体,学生本身的社会活动的重要性。为了打破这种局面,为学生提供充分的活动天地,掌握生动的第一手知识,杜威热情提倡活动教学,强调使儿童认识社会文化及自然的唯一方法,就是让他们去做,去行动。人们最不能忘记的知识就是关于"怎样做"的知识。因此,为了使学生获得终生难忘的知识,牢固地掌握技能,就应让学生沿着"怎样做"这条途径去获取知识,探索真理。①

在研究中,我们有时也用"学会表现"(learning to express)。"表现"一词在中文里有表达、表示、展现、表露出来的意思,在英文中经常可用"show"(作秀! 这个词在现代媒体中已不完全是矫揉造作的贬义词了,而基本上是一个中性词甚至带有一定的鼓励倾向)、"express"和"performance"。其中 performance 一词经常被理解为"业绩表现"或"行为表现"。很显然,所谓表现,强调的是将内在的东西(比如人格,它是一种个体内在的心理特征总和亦即精神心理面貌)表露、外显、展示出来,让别人(也包括表现者本人)能够清晰具体地感受到,直观形象地观察到。

于小学生而言,虽然他们天生喜欢表现,但受多方面因素的影响(包括社会的、教育的),其情况不容乐观,我们需要倡导儿童"学会表现",让孩子拾回自己的天性。儿童"学会表现"是指在学习生活中把自身的教育积淀、内在素养通过作业行为外化展示出来,在肯定自我中提升自我。它包含两个方面的意思:敢表现、乐表现的意愿和会表现、善表现的能力。

(二)表现学习与传统学习的区别

表现学习与传统教学的区别主要在于以下几个方面:

1.认知与情感的统一

传统教学是以人的发展为连续的假设为基础,表现学习认为人有连续和非连续两种发展方式。人的理性因素是人连续性发展的基础,非理性因素是人的非连续性发展的基础。人的发展并不总是沿着逻辑的道路进行,他的非理性活动和非理性因素的发育、成熟及变化是多向的。一瞬间的突然影响有可能使人的愿望、兴趣、情感、信念等发生根本性的改变,一件偶然的事情也可能会引起人的顿悟,以此为转机,引起人的突发性的自我变革。传统学习往往局限于认知领域,甚至窄化为"知识"的记忆方面,忽略了人的兴趣、情感、态度和价值观等非智力因素,亦即非理性因素在学生学习与发展过程中的积极作用。表现学习强调在学习过程中认知与情感、理性与非理性因素的统一。一方面,认知能够促进情感的发展,另一方面,情感也能促使认知的发展,在表现学习的实践过程中,我们既发展学生

---

① 田本娜主编.外国教学思想史[M].北京:人民教育出版社,1994:381—384.

的认知能力,又发展学生的情感态度,使两者有机结合,共同促进学生的发展。心理学研究结果也告诉我们,只有当人的大脑中的理性因素与非理性因素的活动处于最协调一致的和谐状态时,人的活动才最有效益。表现学习就是通过改革传统教学中不重视人的非理性因素和导致人的大脑出现非和谐状态的因素,充分而有效地激发学生的情感、需要、兴趣、直觉、无意识等心理活动,更好地发挥非理性和理性因素的相互协调作用,使学生的学习活动和创新活动取得最优效益。

2.内化与外化的统一

传统教学重知识的掌握,重知识积累、识记的内化过程,而对知识的提取与运用的外化过程与环节重视不够。从当代教学理论取向来审视教学价值时,我们就会看到,教学除具有原来的传授知识价值外,还应具有开发学生学习潜能和创新潜能的价值。教学的价值不仅在于能传递知识,更在于能够培养和发掘学生的创新精神和创新能力,即通过教学能引导学生参与应用知识解决问题的过程,学以致用。吸收是内化,表现是外化;吸收是表现的前提,表现是吸收的发展与深化。在表现学习中,传授知识只是一个中介环节,并不是最终目的,最终还是为了培养学生的创新精神和创新能力,促进学生的身心得到全面发展。表现学习不只是对学生传授知识,更重要的是激励学生思考,帮助学生形成创新的心理愿望、性格特征和能力,形成一种以创新精神吸取知识、运用知识的品格。在表现学习的实践过程中,一方面,我们促使学生摄取一定的知识技能、道德行为规范、态度与价值观念,同时,重视培养学生吸收的基本技能,如阅读、倾听、观察、思考等基本技能,让学生自己吸收、主动内化。另一方面,吸收不是目的,吸收是为表现服务的,我们引导学生把吸收的东西,借助某种手段,通过一定的方式方法再外化、表现出来,倡导"学以致表"、"学以致用",而不是学以致考;学生能够外化、表现出来,就证明他所吸收的东西已真正地理解与掌握了。

3.表现与共享的统一

传统教学以教师的"教"为中心,教学过程的每一个信息流通环节都通过某种技术手段以"复制"为运行的主要基础:从课本到学生、从教师到学生、或通过某种教学技术设备到学生,最后从学生到社会。表现学习的目的一方面是通过表现检验自己、展示自己、肯定自己,另一方面是在表现中与大家共享,通过共享的过程不断地完善自己、发展自己。在表现学习中,教师要以学生的"表现"为中心组织学习活动,以学生的"学"为中心,以"创新"、"生成"为运行的主要基础,变原来教师的教为学生的学和创新。学生学习、创新的规律、机制和方法,成为确定学习方法与过程的重要依据。学习过程不再只以知识的逻辑体系为唯一依据展开,将以发展学生的创新精神和能力为出发点,突出学习过程的探究性,把教、学、做、创新融为一体,注重教与学、学与学的相互转化,相得益彰、相互促进、共同发展。在这样的学习过程中,教师将不再是传统的知识传授者,而是学生学习的参谋、教练、设计者、学生表现的合作者、伙伴与朋友。教师由讲授者变为学生学习的指导者、组织者、促进者;学生由接受者变为主动学习者。与此同时,师生之间的关系也出现了新的变化:教师不再是教学过程的控制者,而变成学生学习的引导者和帮助者。在教学过程中,教师更多地对学生学习过程进行协调和咨询,学生成为学习者、表现者、探究者和发现者。在表现学习的实践过程中,我们把表现和共享结合起来,避免为了表现而表现,既要求学生个人、小组做出更好的表现,得到更好的收获,又要求让大家理解和共享,大家一起分享成功,分享快乐,共享发展。

二、表现学习的特征

表现学习的基本特征主要在于以下三个方面:[①]

(一)学生中心并基于大脑研究的新启示

儿童都有表现的欲望。儿童的表现,蕴含着他们对自然与社会的无限好奇,对自身力量的一种尝试检验。正是通过表现(例如探究、质疑、摸索、尝试、构造、拼接、涂画、弹奏、儿童口头与书面沟通、操作或摆弄、身体运动等等),儿童青少年的天性得以充分展露。

人本主义心理学也认为,学生具有学习潜能并具有"自我实现"的学习动机,因此,教师不是要学生怎样学,而是提供学习手段,营造学习环境,由学生自己决定怎样学。在教学中,教师只是顾问,而非教导者,更非操纵者。表现学习强调以学生的表现为中心,让学生在民主、和谐、宽松的氛围中活动、学习、探究,让学生无拘无束、畅所欲言,让学生爱表现的天性得到充分的展示。在表现学习中,学生自己可以提出问题,设计表现任务,决定学习内容,引发学习动机。教师在考虑设计表现学习问题与任务时,首先要考虑学生的学习兴趣和需要,尽可能提供丰富的信息和环境,组织和引导学生自己去获取有关信息并加工;教师要引导学生掌握表现学习的方法,而不是把大量的问题、信息、知识硬塞给学生;通过表现学生自己能够判断学得如何,并能自觉反思完善。

表现学习是一种基于人类大脑研究成果新启示的学习。多元智能理论、成功智能理论、建构主义学习环境等许多新的教育改革策略,都是与20世纪90年代兴起的"大脑10年"运动有关。这个理论的特点是以大脑科学为基础,是开放的。人的大脑是一个复杂的适应性系统,它拥有同时在多种水平上、运用多种方式来发挥作用的能力,能同时感知与创造部分和整体,能有意无意地获取信息,并能以不同的方式加工组织。每个人都不同程度地拥有多种智能,只是其智能组合结构、智能的潜显有所不同。基于脑的学习目标是从信息记忆转向有意义学习,有

---

① 肖龙海,许一凡.表现性课堂教学:特征、结构与策略[J].全球教育展望.2004(5):56—60.

效性教学必须要有三个相互作用的因素作支撑：低威胁与高挑战的氛围（relaxed alertness）、以形成完整体验的沉浸（immersion）、以反思为主进行的积极加工（active processing）。同时，基于脑的有效性教学必须要关注到每个人大脑都是独一无二的。我们都有一套相同而又有差异的系统，这些差异通过不同的学习风格，不同的才能和智力等等而表现出来。学生具有个别差异，应该允许他们做出自己的选择并允许他们按照自己独特的思维方式来理解这个世界，并且能按照自己独特的方式表现出来。教师的任务就是以适应学生个别差异的有效方法"因材施表"，因势利导，促进学生各得其所地充分发展。

（二）基于问题及任务驱动

通常，我们是依据教学大纲，根据教材内容及教学参考书，按部就班地向学生讲授课本内容，并尽可能一遍遍地回过头去复习、强化训练，以使学生"掌握"一个个课本上的知识目标。教师成为教学活动的中心，学生被动地跟着教师走，缺乏学习的自主性。表现学习活动是问题驱动的，以问题为主线整合学习内容、学生的学习经验及学习兴趣。问题是学生不能利用现成信息与知识（包括概念、规则和方法）达到既定目标的刺激情境。由问题来驱动学生的学习更能激发学生积极主动地学习，尤其是更能够激发学生思维的主动性、积极性和创造性。思维起始于问题，最鲜明的能动的思维过程表现为人提出并解决生活中遇到的各种问题（鲁宾斯坦）。问题中的未知知识与学生已有知识之间的冲突能激发起学生对新知识的需要、认识兴趣和探究愿望。

在一系列问题中有一个是最基本/核心的问题，基本问题可以激发学生提出更多的问题，并随着这些问题的出现不断促进学生学习，并能激起更高层次的思维，对问题进行分析、综合和评估。基本问题可以贯穿一堂课、一个单元、一个学期，甚至可以跨学科、乃至贯穿学生的整个生活。

表现学习要求学生在基本问题解决的过程中要完成一定的可操作与可外化的表现任务，或者说表现任务的完成是基本问题解决的重要组成部分。表现任务一般由教师在备课时预先设计好，也可在教学过程中，在学生的参与下，特别是在考虑学生意愿及擅长的前提下，师生共同生成与设计表现任务。一般而言，表现的任务宜少而精，尤其是作为一堂课的表现任务更应如此，还要突出重点与难点，最好能起到"牵一发而动全身"的作用。

在确定与发布表现任务的同时要明确完成表现任务的准则（评价标准）。这里提出的任务准则也是学生应该达到的学习目标（知识技能、过程与方法、情感态度与价值观），而且对学生完成表现任务有具体导向作用。这是表现学习过程的一个组成部分，学生在完成表现任务之前或进行学习之前，就知道了评估的要求，传统的学习过程中学生可能不知道教师的评估标准，仅知道自己的分数或等第，在这方面两者截然不同。

(三)主题大单元学习

一般来说,现行教材都是按一定的编写意图分单元编排的,而我们的教学却从来都是以学科"课时"为单位设计教案、组织教学的,小学每节课一般都是 40 分钟,没有长短课之分,课内外、校内外结合不是十分紧密。表现学习是以"主题单元"为教学单位,依据一定的主题组成学科包括跨学科综合性大单元来进行教学活动。表现学习按主题大单元设计并组织教学,有利于教师对教材整体把握,纲举目张,对单元中各知识点、技能、情感的目标统领在胸,教学时就能有机联系单元中各部分内容,统一调配教学精力,合理使用教学资源,恰当安排教学的时间、空间……提高教学效率。从认识论的角度来看,单元教学是从事物的联系中认识事物,或通过事物的若干个侧面来认识事物的整体,或从对比的辨析中认识事物的特征。这就有利于改变偏重零碎知识和记忆文字符号的教学,促使学生手脑并用获得完整的知识和经验,有效提高学生的思维能力。

如《21 世纪的能源》是浙江省 9 年义务教育教材小学语文第 10 册的一篇"选学课文",课文主要介绍了 21 世纪将普遍得到使用的原子能、太阳能、地能和其他一些可开发的新能源。考虑到"能源"与人们日常生活、工农业生产关系密切,已成为影响 21 世纪人类进步的三大问题之一,作为小学高年级学生,应当了解能源与人类的密切关系,进而关注能源,节约能源。所以教师在使用教材时作了扩展性补充,增加了"能源的过去和今天""能源危机"等内容组成一个主题大单元,尝试让学生进行表现学习活动。其核心问题、表现任务、评价标准、学习目标的设计等见表 4.1。

表 4.1 "21 世纪的能源"主题单元案例

学科	语文	年级	五	课题	21 世纪的能源(主题单元)
设计者	许一凡			课时	3 课时
核心问题	认识为什么到了 21 世纪,人类要开发和使用各种新能源?				
学习目标	核心知识	(1)现在人们主要使用哪些能源?它们的储藏量如何? (2)古代人类主要靠哪些能源,那时,人们用这些能源干什么? (3)21 世纪将有哪些新能源得到普遍使用,除课文中介绍的,还有哪些新能源可以开发? (4)为什么人类要不断开发新能源?			
	关键技能	(1)查找、收集有关信息; (2)小组合作学习,分析性阅读; (3)学习课文"总起分述"的写法,独立写一篇短文; (4)拟定提纲,分别采访祖辈、父辈; (5)在全班同学面前介绍的能力; (6)根据所占据资料编辑文本的能力。			

续表

学科	语文	年级	五	课题	21世纪的能源(主题单元)
学习目标	情感态度价值观	(1)好奇心,求知欲; (2)勤于思考,尊重科学; (3)善于合作,有责任心; (4)执著求精; (5)体会到:新能源是随着社会的发展而不断被开发利用的。			
表现情境	(1)介绍一种能源(包括书面、口头); (2)将采访结果用恰当的方式向全班或小组的同学介绍; (3)个人或小组合作,编辑有关能源知识的读物展示。				
评价标准	(1)从不同渠道收集信息,对各种信息进行分析,正确处理并运用信息; (2)根据要求,用恰当的方式呈现所获取的信息(文本、图像、演讲……); (3)口头介绍应声音响亮,清楚而生动,观点明确; (4)合理地推断和大胆地想象。				

第三节　表现学习的价值

一、创新教育的基本任务

教育的本义是什么? 蔡元培先生说:"教育是帮助被教育人的,给他能发展自己的能力,完成他的人格,于人类文化上能尽一分子的责任……"联合国教科文组织"国际21世纪教育委员会"发表的报告《教育——财富蕴藏其中》也指出:教育的首要作用之一是使人类有能力掌握自身的发展。应使每个人都能掌握自己的命运,以便为自己生活在其中的社会的进步作出贡献,使每一个人都能发现、发挥和加强自己的创造能力,挖掘其蕴藏在每个人身上的财富。"教育"之于受教育者应该是一种幸福,发现自身潜能的幸福,经历自身创造、获得成功的幸福。现代教育培养的人才绝不是只会守着一间知识仓库而对现实问题无所适从者,我们希望孩子有丰富的知识内蕴,有灵活的头脑,有顽强的毅力,有张扬的个性。

每一个儿童与青少年都拥有无限发展的潜能,"创造发明"是他们每个人的天性。学校教育的职责是保护、激活、提升他们的创新萌芽、创新意愿、创新热忱、创新能力——一句话,就是创新人格。学会创新是每一个儿童青少年的义务;教会创新则是每一位学科教师、每一位班主任和团队辅导员乃至学校中的每一位教育工作者的职责。承认儿童青少年的创新潜能,发现他们每一个人所独特擅长的优势之处,开发并表现有利于生命全程中可持续发展的品质与能力,这三位一体的任务是当前倡导创新教育的基本宗旨。

当然,我们首先要明确对儿童青少年来说,"创新"(或者创造发明)指的是什么？对中小学生而言，"创新"应重在形成对主体而言有新颖价值的心理意义，而主要不是社会意义上的小发明、小发现、小制作。创新离不开个人已有的经验积淀，离不开个人亲身体验和主动建构，当然更离不开主动提出并善于表现自己（或别人）期待的事情并为之创造实现的条件而不是被动适应或消极等待。中小学生的创新体现在他们每一天、每一刻有个人心理或发展意义的学习、生活之中，创新不应该是，也绝不可能是玄乎神秘的另类活动，谁都无法离开中小学生日常的学习与生活来搞创新教育。

"手脑并用、情知一体"（Head, Hand & Heart）这一说法，用来说明培养小学生的创新人格，我们觉得倒是比较贴切的。当然，我们还可以引用各种不同的新理念来表达对"学会创新"的诠释。但是，问题的实质在于：在众多的创新教育探索实践中，如何突出我们自己的个性，如何使得发展小学生创新人格研究成为推动一所学校改革与发展，提炼每一个参与研究教师的不同创意，营造出一种校园文化或"潜在课程"式的氛围？鉴于此，我们提出用表现学习（Performance-Based Learning）或"学会表现"（Learning to Express）来折射"学会创新"，用善于表现的能力与乐于表现的意愿来聚焦小学生创新人格的发展。

二、表现学习的价值

"学会创新"在某种意义上可以转换为"学会表现"，创新力与表现力有某种一致性，表现学习是发展小学生创新人格的聚焦点和突破口。这种关系可以从表现学习的现实意义与价值中得到进一步的说明。[①]

（一）倡导学会表现与儿童的天性有其一致性

我们之所以经常说儿童青少年是天生的发明创造家，这不是指大家都会有小发明小创造，而是说儿童都有表现的欲望。所谓跃跃欲试，不知天高地厚，初生牛犊不怕虎，便是一种形象的说法。儿童的表现，蕴含着他们对自然与社会的无限好奇，对自身力量的一种尝试检验。正是通过表现（例如探究、质疑、摸索、尝试、构造、拼接、涂画、弹奏、儿童口头与书面沟通、操作或摆弄、身体运动等等）的天性得以充分展露。

（二）倡导学会表现打通了满足高层次的心理需要的道路

马斯洛的需要层次理论认为，人既有基本的需要，例如安全、食性等，也有高层次的需要，例如情感需要、胜任需要、自我实现需要等。高层次的心理需要之满足实际上往往同是否善于表现有关。一个善于表现的人，往往从表现中体验到了胜任的欢愉，从表现中寻找到了情感寄托，从表现中逐渐实现了自我。人本主义

---

① 盛群力,肖龙海等.论倡导学会表现[J].课程·教材·教法.2001(9):24—27.

心理学家强调这样一个观点：儿童与成人的区别在于前者是等待着实现自我的人；后者则是相对完整地实现自我的人。因此，如何帮助儿童实现自我，满足高层次心理需要，应该而且必须借助表现这一中介。

(三)倡导学会表现是儿童心理发展的催化剂

儿童心理发展是不断提高的外部要求与主体内部胜任力之间是否匹配的矛盾，是发展的可能性(潜能)向现实性(显能)转化的过程，是平衡与不平衡交替转换的对立统一，这一切都似乎离不开表现这一催化剂。有了表现，内部胜任力与外部要求的良性匹配就有了保障，因为表现的过程提升了主体的成就感，使得他觉得我能够应对甚至期待着各种外部情境变化；有了表现，发展的可能性加速转化为现实性，使每一个儿童的潜能这一财富被不断挖掘与利用。俗话说，工善其事靠利器。其实，学会表现本身就是利器。

(四)倡导学会表现是意愿与能力协调统一的重要途径

我们经常说要愿表现、爱表现、敢表现、会表现。除了会表现是能力范畴的之外，其余三个方面都涉及意愿(向)。所以，我们讲"学会表现"不只是善于表现的意思，还要包括乐于表现；不只是一般性的重复性、模仿性表现，还要包括变异式、创意性表现。表现中有情感态度因素，表现中有身体动作协调要求，表现中有知识能力成分，表现中还离不开与人交往、协作成大事。因而，开发儿童的表现力实际上涵盖了教育目标分类的广泛的领域，是典型的情知一体化整合途径。

(五)倡导学会表现架起了内化和外化衔接转化的桥梁

儿童的心理发展，首先是将外部的要求现实地占为己有的过程，这便是内化，也就是"社会化"。内化通常体现为吸收、摄取。例如思考、观察、注意、想象、记忆、操作等都是内化过程所离不开的。其次，心理发展也离不开外化，这是一个释放、展露的过程。例如写作、述说、表情达意、问题解决、与人交往沟通、动手动身体操作等都是外化过程的经常涉及的形式。内化和外化如何才能衔接转化，体现出良性互动型的循环回路，这便需要有"表现"搭桥铺路。不仅外化过程与表现直接有关，内化过程同样离不开表现(因为吸收中必须调用已有的经验)。正是有了表现，才可能激活个体的经验储备，加深对新学习任务的理解，不仅促发内化的自身需要，同时，也加速转化为实际的应用迁移。

(六)倡导学会表现可以更好地调整学习过程与学习结果的关系

许多教育理论都曾经为应该聚焦过程还是重视结果而各执一词。实际上，如果我们将"表现力"作为一个中介因素来看，那么，就比较容易协调好两者的关系。学习过程之所以重要，乃是因为离开了过程结果便是缘木求鱼，这是其一。其次还由于在基础教育中我们无法教给儿童他将来可能所需的各种学习结果，因而重在"授人必渔"，即方法、策略、程序等。但是，这不等于说我们可以忽略学习结果。维持过程与结果之间的必要张力，出路在于表现。这是因为，结果本身就是表现的对象,过程也往往可以成为表现的载体。结果中有表现,过程中也有表现。有了表现,学习结果和学习过程都将成为创新人格发展的有力保障。

(七)倡导学会表现能够促成个体独特性与群体多样性相得益彰

素质教育的基本理念是使每一个个体和每一组群体都能够得到优化发展,这便是一般发展与特殊发展协调、共同发展与差异发展整合的辩证关系。所以,表现,不仅反映在每一个个体身上,同样也对每一组群体提出了要求。千人一面、整齐划一的表现当然不是我们所希望的,实际上也是违背儿童发展规律的。每一个人独特的表现(既能够善待自我,又能够欣赏别人)带来了每一组群体表现的多样性。独特性和多样性共存互惠的局面将大大激励学习者主体表现的欲望及赢得表现的成就感。

(八)倡导学会表现既要求承担个人责任,也有益于分享他人经验

这需要有真"本事"。表现为个体充分展示自己、实现自我提供了机会。所谓"实践出智慧"、"锻炼长才干",就是因为责任落到了自己的身上,表现的过程成了锻炼、检验自身内化、习得、仿效的舞台。所以,没有自身责任感的人,没有自我调节能力,表现时总差强人意,相形见绌。这种表现,除了偶尔能出出风头,娇柔做作之外,实际上并不会给表现者带来多少成功感。我们所倡导的表现,是要求每一个人都扬长避短,自我加力,拿出真才实学展示自己。同时,在表现的过程中,权衡利弊得失,选择最佳方式、吸取经验教训和提高充实自我。另一方面,学习者的表现总是在一定的社会情境中展示自己的才华与品格的,所以,每一个人在表现中给别人带来了愉悦和启迪,同时也从别人的反应态度中得到收益。在群体环境下的表现,不只是表现者的输出过程,同样是从观察者(欣赏者、效仿者乃至评论者)中汲取养分回馈自身的过程。更何况,自我的表现和他人的表现导致了彼此分享、相互激励、共同提高。这里的关键是责任到人、协同互助、利益一致,分享经验,争取"双赢"。所以,表现能够培养学习者达到人际交往中知己知人,维系群体关系,调适自身心理等较高境界。

根据表现学习的意义和价值,对照创新人格特质,我们可以发现,"学会表现"正是折射"学会创新"这一人格特质的有效载体。小学生创新人格的发展,是一种无形的内在的心理变化过程,是知、情、意、行的统一;关注小学生创新人格的发展,是对小学生生命状态的重视和关怀。如何提升小学生的生命质量?苏霍姆林斯基在《怎样培养真正的人》一书中曾说道:"人人都要表现自己,而且每一个人都是按照自己的方式来表现自己的,尤其是每个人都想以一定的方式表现自己,此外,还想给他人一个我是怎样表现自己的印象,而且让人们都想到我的'自我'。"①很显然,苏霍姆林斯基所说的"我的自我",就是通过表现来展示每一个人

---

① 苏霍姆林斯基.怎样培养真正的人[M].北京:教育科学出版社,1992:168.

内在的素质,这是一个由内而外,"以内养外"的过程。我国台湾学者贾馥茗曾给"创造"一词作过这样的界定:创造为利用思维的能力,经过探索的过程,借敏锐、流畅与变通的物质,做出新颖与独特的表现。这是对"创造即表现"的一种清晰界定。将"创新力"转换为"表现力",意味着我们更多地要考虑如何将内在的素质转换为外在的行为;没有表现力,创新力将是空中楼阁;同样,没有创新力,表现力则是无本之木。

可以这么认为,强化了乐于表现的意愿与善于表现的能力,就自然折射出"学会创新"内在意蕴(即创新意愿和创新能力),从而促进学生创新人格的发展。

第五章　表现学习的结构框架

第一节　表现学习的结构元素

一、表现学习结构的提出

在西方,自现代学校创立以来,曾经有两大类彼此带有冲突的课堂教学结构模型产生过很大的影响。第一类是以德国教育家赫尔巴特学派为代表的教学四段模式,即"提示—比较—概括—应用",以后其弟子在四段教学模型之前增加了"预备"阶段,成为五段教学法。其特点是以教师活动为中心,强调教师向学生传授知识,忽视学生获取知识的主体性。第二类是以美国实用主义教育家杜威为代表的思维五步,即"困难—问题—假设—论证—检验"教学法,其特点是以学生活动为中心,强调学生的主体性,轻视教师的主导作用。这两大类教学结构模型,反映了两种不同的教育思想与教育理论,长期以来,各执一端,此消彼长,推动教学理论与实践的不断发展。

在我国,自春秋战国以来,对于教学结构的运用也有了初步的雏形,比如孔子的"学—思—习—行"四环节,《中庸》的"学—问—思—辨—行"五阶段,可以说开创了我国古代教学结构的先河。但自建国以后,我国的教育实践深受苏联凯洛夫《教育学》的影响。凯洛夫运用马克思主义认识论,对赫尔巴特的五段教学加以改造,提出一种新的五段教学论——组织教学、复习旧课、讲授新课、运用巩固、布置作业。其特点就是以教师的"教"为中心的教学结构,强调:

(1)教师是知识的传授者,是主动的施教者,并且监控整个教学过程活动的进程;

(2)学生是知识传授的对象,是外部刺激的被动接受者;

(3)教学媒体是辅助教师传授演示的工具;

(4)教材是学生的唯一学习内容,是学生知识的主要来源。

可以这样说,长期以来,直至今日,我国各级各类学校采用的课堂教学结构主要就是这一种。不难看出,在我国,延续时间最长、影响最广的传统课堂教学结构是以教师单向授受为主的、相对稳定的"注入式"教学,以及"教师问、学生答"为主的"一问一答式"教学。它着眼教师,立足传授,关注积累,课堂中师生之间理论上是教师主导、学生主体的关系,实际上是教师主体作用于学生客体,其显著的外显表征是传授知识,注重知识的积累以及课堂强化训练,尤其是测试练习。

由于以教师为中心的教学结构长期统治着我国各级各类学校,其所造成的后果就是:学生普遍缺乏学习的主动性、创新思维、创新能力,难以适应21世纪培养创新人才的需要。

在信息时代、在实施以培养学生的创新精神和实践能力为重点的素质教育深化改革的今天,我们之所以探索以"表现"为主的课堂学与教的变革,是因为:

(一)学习新观念

信息技术的飞速发展,为人类的学习提供了越来越大的便利条件,同时也促使人们快速转变学习观念,更加主动、高效率地学习来发展自我,从而应对信息社会所带来的挑战。尤其是考虑到,当前以信息通讯技术为核心的网络技术在全球范围内一日千里的发展事实,我们就更加迫切地感受到了信息社会对人类的学习观念和学习方式所发生的影响与挑战,迫切需要建立新的学习理念,树立新的学习观念。新学习是成功的、快乐的、自主与自由的学习。这种学习,一定是利用了信息技术的学习,一定是基于互联网的学习。我们可以概括出信息社会关于"学习"的基本概念:[①]

(1)学习需要一场超前于信息技术革命的彻底变革;

(2)学习是人的全面的终身的成长与改变;

(3)每个人都有适合自己的学习类型,都必须做自己学习的主人;

(4)学会怎样学习比学到具体知识更重要;

(5)我们的身体具有创造学习奇迹的潜能;

(6)运用更多的感官学习;

(7)为婴幼儿的学习提供了最佳学习状态的样例;

(8)成功学习的秘密是放松而警觉、愉快而高效。

新学习是一种积极的过程。除非学习者与学习内容发生积极联系,否则不可能学到有用的东西,这一类学习参与包括了注意、对信息进行内部加工以及做出外显的反应。只有学习者对学习刺激给予注意时,才有可能处理信息和做出外显反应。这种反应可以是即时的外显反应,但更多的是先即时内部心理加工,然后再外显反应。这种外显反应,正是学生在"表现"。学生在积极的学习过程中,思维得到操练,心智得到开启,新颖独特的创意不断产生。而新颖独特的创意只有外显反应时才能被教师、同学或其他人,也包括表现者本人,清晰具体地感受到,直观形象地观察到,并对表现做出客观评价。只有这时,新课程标准所要求的"学生是学习和发展的主体"才在真正意义上得以实现。

(二)发展新理念

儿童的心理发展,首先是将外部的要求现实地占为己有的过程,这便是内化。

① 　陈建翔等著.新教育:为学习服务[M].北京:教育科学出版社,2002:68－78.

内化通常体现为吸收、摄取。例如,思考、观察、注意、想象、记忆、操作都是内化过程离不开的。其次,心理发展也离不开外化,这是一个释放、展露的过程。例如,写作、述说、表情达意、问题解决、与人交往沟通、动手操作等都是外化过程经常涉及的形式。内化和外化如何才能衔接转化,体现出良性互动型的循环回路,这便需要有"表现"搭桥铺路。不仅儿童的外化过程与表现直接有关,内化过程同样离不开表现(因为吸收中必须调用已有的经验)。正是有了表现,才可能激活个性的经验贮备,加深对新学习任务的理解,不仅促发吸收本身的需要,更加速转化为实际的应用迁移,促进儿童发展。

(三)教学相和谐

在教学过程中,教师的"教"与学生的"学"是相辅相成、不可分割的。从教学结构的建立和运用的角度来说,应兼顾学与教两个方面,把学与教和谐统一起来,这是"表现"型课堂学与教结构的基础。这种学与教结构应能体现出:

(1)学生是信息加工的主体,是知识意义的主动建构者;

(2)教师是课堂教学的组织者、指导者,是学生建构意义的帮助者、促进者;

(3)教学媒体是促进学生自主探究与表现的认知工具;

(4)教科书不是学生的唯一学习内容,学生还可以自主通过其他途径获取大量知识。

这些基本要求都应该成为促进学生课堂表现学习的实践基础。

二、表现学习的结构元素

借鉴国内外有关学与教模式的研究成果,整合多年来的实践经验,我们认为表现学习的课堂结构或者说表现学习活动是以问题为学习的中心,有这样几个步骤:①获取有关的信息;②解释所获取信息的意义(释义);③生成新信息的外化模型(表现的内容);④以适当的方式表现生成的内容;⑤评价表现的结果包括反思表现的得失(见图 5.1)。[①]

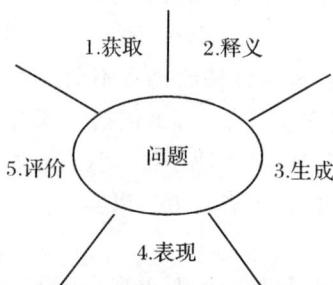

图 5.1　表现学习的结构

[①]　肖龙海.论表现性学习的结构[J].课程·教材·教法.2004,(6):25—29.

表现学习的基本结构元素不是孤立、静态的,而是相互联系、相辅相成、相互促进的一个动态系统。对此,我们提出了一个直观图式(见图5.2),以说明基本结构的动态性。

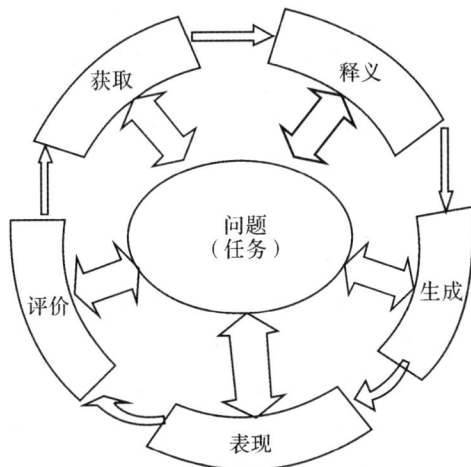

图5.2 表现学习结构的动态性

(一)问题与任务

1.问题中心。以问题为中心整合学习内容、学生的学习经验及学习兴趣。问题是学生不能利用现成信息与知识(包括概念、规则和方法)达到既定目标的刺激情境。思维起始于问题。最鲜明的能动的思维过程表现为人提出并解决生活中遇到的各种问题(鲁宾斯坦)。适当问题中的未知知识与学生已有知识之间的冲突能激发起学生对新知识的需要、认识兴趣和探究愿望。思维就其实质而言是一种认识,这种认识可导致对人所面临的问题或课题的解决。由问题来驱动学生的学习更能激发学生积极主动地学习,尤其是更能够激发学生思维的主动性、积极性和创造性。通常,我们是依据教材内容,根据教学大纲及教学参考书,按部就班地向学生宣讲课本内容,并尽可能一遍遍地回过头去复习、强化训练,以使学生"掌握"一个个课本上的知识目标。教师成为教学活动的中心,学生被动地跟着教师走,缺乏学习的自主性。

这里所说的问题不是一两个而已,而是一系列问题,其中有一个是最核心/基本的问题,基本问题可以激发学生提出更多的问题,并随着这些问题的出现不断促进学生学习,并能激起更高层次的思维,对问题进行分析、综合和评估。基本问题可以贯穿一堂课、一个单元、一个学期,甚至可以跨学科、乃至贯穿学生的整个生活。

问题的设计是表现学习的核心,这些问题不一定要有正确或错误的答案,只是提出更多需要进一步研究的问题。虽然这些问题并不意味着一定与学生的生活相关,但具有某方面的挑战性,要求学生作出一定的反应,同时也与学生有一定的关联性,是学生感兴趣的问题,能激发学生的好奇心和求知欲。

2.表现任务。学生要明确在本节课或本单元应该完成一定的可操作与可外化的表现任务,表现任务的完成是基本/核心问题解决的重要组成部分或者说解决该问题所要求完成的任务。表现任务建立在前面知识、技能、习惯的基础上,并策略性地放到课题或单元中,经由学生把它们整合在一起,以促进学习。这些表现任务不是在教学结束时"外接式附件"。它们既是学习的完整部分,又是评估学生表现质量的依据。当学与教的目标被掌握并被运用时,表现性课堂就出现了。

表现任务小到几分钟的活动,大到课内外向观众完整展示的项目结果或产品。在开始阶段,大多数表现任务宜小而有连续性。如果能把学生已经做过的活动设计到表现任务中,那么,就更利于学生履行这种表现任务。

表现任务一般由教师在备课时预先设计好,也可在教学过程中,在学生的参与下,特别是在考虑学生意愿及擅长的前提下,师生共同生成与设计表现任务。一般而言,表现的任务宜少而精,尤其是作为一堂课的表现任务更应如此,还要突出重点与难点,最好能起到"牵一发而动全身"的作用。表现任务还要注意在完成的过程中突出个人和小组/团队作用的有机结合。

表现任务对学生而言应当是有兴趣的,并且要与课程中的知识内容、过程技能、学习习惯有很好的联系。下面是需要图示的两个表现任务的例子。[①]

例1 小学高段

在上学的几个特定时段内,要求学生观察并统计,在一定时间段内,小汽车和其他交通工具通过学校附近十字路口的数量。对学生说:"交警部门正在考虑设置红绿灯或安排引导人员在学校附近的十字路口引导交通。请你帮助制作一张图表说明在一天的某一时段内十字路口有多少辆车通过。优秀的图表将被送给交警部门的领导参考。"

例2 小学低段

(在教室里放一个有10条毛毛虫的盒子,一边有手电筒的亮光,另一边是暗的)。对学生提出这样的问题:"毛毛虫爬向亮处多还是暗处多?制作一个图表说明亮处、暗处各有几条毛毛虫。你的图表将会展示在教室外面。"

3.任务准则。在学生接受与明确表现任务的同时,要让学生理解与明确完成

---

① K. Michael et al. A Teacher's Guide to Performance-Based Learning and Assessment. ascd. 2004. chapter1.

表现任务的基本要求，或者说在发布表现任务的同时发布完成表现任务的准则（一种评定表或评价单）。这里提出的任务准则也是学生应该达到的学习目标（知识技能、过程与方法、情感态度与价值观），而且对学生完成表现任务有具体指导作用。这个任务准则如能由学生一起参与制订，那么对于学生主动积极完成表现任务、进行自主学习的指导作用更大、更有效。这是表现学习过程的一个组成部分，学生在完成表现任务之前或进行学习之前，就知道了评估的要求。传统的学习过程中学生可能不知道教师的评估标准，仅知道自己的分数或等第，在这方面两者截然不同。

表现任务评价单是评价的工具，以引导学生独立地学习，促使他们注意自己的学习的质量。评价单也能使教师更有效地为学生提供关于他们学习努力或不足的信息。为了创造性地设计表现任务评价单，教师要聚焦于学生应知和应做的内容。评价单也能使教师更一致地和公正地评估和评定学生学习的等级。来自于表现任务评价单的信息也能帮助学生自己确定学习目标，和帮助教师把握教学的重点。家长也能用评价单来检测他们小孩在学校学习的情况，并在家里帮助他们的小孩检查自己的学习。针对上述两个表现任务例子的评价单如下：

小学高段的格式（表5.1）用于小学高年级学生。它列出了制作图表的几个重要的因素，并描述每个因素的三种质量水平：很好，尚可，需改进。教师要事先提供评价单，以及提供优秀图表的范例并根据各种等级要求进行评价。这种格式也要求学生总体评估他们的图表，并通过逐个因素的自我评估，在细节上为自己寻找评估的依据。

小学低段的格式（表5.2）。学生自我评估和教师的评估也是小学低、高年级评价表的一部分。评价表上这些儿童脸上的表情色彩代表他们学习的质量水平——很好，尚可，需改进。教师表明同意或不同意，并和学生讨论他/她的学习和自我评估。

表5.1　小学表现任务评价表（统计图表）

1.姓名
我写上了姓名
我写上了名字但位置不对
我没写上名字
2.标题
标题切合图表的内容
标题告诉图表是什么
标题不对或告知有关内容很少
3.说明数据
每条轴都有名称，并能解释轴和数据单元
轴线名称清晰，数据单元需再分

续表

轴线有名称,数据单元混乱

4.每条轴线的范围选择

在数据表中每条轴线的范围合适

一条或两条轴上的范围需改进

轴线上的范围混乱或不正确

5.图表上的划线

划线准确清晰

划线有错误或有点乱槽槽

有很多错误之处或非常乱

6.空间和颜色的使用

图表上空间搭配很好,颜色或一些其他技术容易理解

空间搭配不够好,颜色或一些其他技术用得尚可,图表容易理解

图表在空间和颜色上需要修改

7.图例

图例清晰

图例可以

图例需要修改

我尽了自己的最大努力吗?

表 5.2　小学低年级表现任务评价表(统计图表)

1.我的图表分了栏目吗?

很好　　　　　　　　　好　　　　　　　　　　　稍欠

2.我给不同的内容分了不同的栏目吗?

很好　　　　　　　　　好　　　　　　　　　　　稍欠

3.我给每栏一个名称吗？

很好　　　　　　　好　　　　　　　稍欠

4.我使用颜色吗？

很好　　　　　　　好　　　　　　　稍欠

5.我的图表绘制得清晰吗？

很好　　　　　　　好　　　　　　　稍欠

(二)获取信息

1.获取——指导学生自己动手动脑获取丰富的有关信息,是学生顺利解决问题、完成表现任务的前提与基础。儿童的心理发展首先是将外部的要求现实地占为己有的过程,这个过程是吸收、内化的过程。指导学生获取解决问题的有关信息是吸收、内化过程的一个组成部分。

学生表现活动往往始于问题或由学生的兴趣而导入,学生为了解决表现问题或任务而获取有关信息,这些信息可能来自各种不同的经验及广泛的途径。传统而言,信息仅仅来源于教师或教材的某一章节,特别是在"制度课程"框架下,教材往往被当作"圣经",教材成为课堂信息的唯一来源。现在的信息来源广了,也丰富了,学生要成为"自我导向"的学习者,知道自己需要什么样的信息,能自己选择与判断信息,并有较强的能力自己获取信息和资源,比如通过调查、收集、观察、阅读、交谈等方式获取相关信息。学生有效获取信息的数量与质量,是表现的重要的第一步,也是表现学习成功的关键性组成部分。

2.激活——当学生已有知识经验被激活时,就能够有效地促进表现学习活动。在学习新知识、设计基本问题、确定表现任务时,弄清楚学生是否有相关经验,显得十分重要。如果学习者已有相关旧经验,那么表现学习的初始阶段就应该激活那些旧经验,以作为新知识学习的基础;如学习者尚未掌握充分的相关旧经验,那么学习的初始阶段就应该提供真实生动的实际经验,用来作为新知识学习的基础。如果仅从学科内容出发,按既定教材顺序,忽视了学生已有知识经验基础,对表现学习活动来说显然是不利的。

当学生觉得他们已经部分懂了将要教的东西,那么他们现有的经验可以通过一种恰当的机会来激活,并展示出他们已经知道了什么,展示出的有关信息对于新知识的理解将是十分有力的。

王崧舟老师在《天地一堂课——相约拱宸桥》的教学中,学生以小组为单位,开展前期探究学习。包括查找拱宸桥的各种信息和知识,实地采访拱宸桥周边地区群众的生活等。上课时,师生共同走上拱宸桥,分成5个组自由考察拱宸桥,让学生多渠道获取信息,并激活有关的信息。

师:刚才咱们在拱宸桥上走了、看了、摸了,应该有不少收获吧?谁来说说,通过亲自考察和调查,你从哪些地方发现了拱宸桥的古老?

生:我在《运河行》这本书中看到,拱宸桥建于1631年,距今已有372年的历史。

生:我发现拱宸桥的台阶已经被磨得很光滑了。这说明桥的历史相当悠久,不然的话,台阶不可能磨得这样光滑。

生:我还发现桥的栏杆也已经被磨得很光滑了。

师:这让我想起一句谚语:"城隍山上看火烧,拱宸桥旁乘风凉。"栏杆磨得这么光滑,估计跟乘凉的人多有关,当然时间肯定是很长的。

生:我在桥中间的石栏上看到了石刻的"拱宸桥"三个字,但已经很模糊,不大看得清,说明桥的确很古老。

生:我问过老人们,他们都知道拱宸桥的。

生:我去图书馆查过杭州的地方志,上面就有拱宸桥的记载。有图片,还有文字说明。

生:我在游船上时,发现拱宸桥的两个桥墩被撞出了很多裂痕。桥墩是坚硬的青石做成的,要撞出裂痕,肯定需要很长的时间。

师:分析得有道理。

生:还有,拱宸桥的桥墩上长了很多青苔,这也说明这座桥的时间比较长了。

生:我发现桥栏的柱子上隐隐约约可以看见莲花宝座,有的破损了,有的保存得还好,也有的已经全掉了。

生:我听我爷爷说,像郁达夫、弘一法师、丰子恺等人都来过拱宸桥,那都是七八十年以前的事情了。[①]

(三)释义

1.释义信息。学生对所获得的信息进行"去伪存真"、"去粗存精"、"由表及里"的思维加工过程,解释以及理解这些信息的涵义。学生在老师指导与帮助下所获取的各种信息资源,必须根据问题解决或完成表现任务的需要,自己对信息进行整理与处理,决定哪些信息应该保存,哪些信息应该拓展,哪些信息可以删除或可以忽视;对精选出来的信息作进一步地解释,明确其内涵,分辨其间的相互关系,并以某种方式对它们进行组织,并且是由学习者自己对其进行加工组织,比如分析、综合、比较、类比、归纳、概括等。传统而言,这些工作是由老师来做的,或者说是教材、教参编制者做的,然后由教师向学生进行宣讲,这个重要,那个重要,这意味着什么,那意味着什么,学生以接受为主,自主选择、加工、组织的成分较少。

2.质疑问难。学生在释义信息的过程中碰到不能理解或有疑难、困惑的问题时,要积极地提出来,主动寻求同学及老师的帮助。我们提出三种主要的质疑途径:组内质疑、班内质疑和向教师质疑,我们还开展"课末2分钟提问题"活动。

3.精细加工。我们要求学生自己动手动脑,对所获取的信息从总体到部分乃至细节,再返回到总体,反复地进行思维加工,逐步达到对所获信息详细、深入地理解。教师教给学生精细加工的有效策略,指导学生精细加工的方法。例如,由简到繁、总结、综合、类比、认知策略激发等。

4.小组讨论。在这个阶段,教师组织学生开展小组讨论,"集思广益",有助于促进学生对信息的获取与理解。小组讨论也是一种思维工具。在小组讨论大家都感兴趣、急需解决的问题时,各个成员的联合思维能将许多思维技能、个人理解和背景材料结合起来。各人的理解、各种不同的观点与想法、各人所占有的材料等,在讨论中能够互相交流、相互启发,尤其是当一个人受到来自他人的不同标准、结论、观点、信念的冲击时,对他/她自己思想震撼与启迪意义特别巨大。

对小学生尤其是低年级学生,我们要注意培养学生合作、讨论的意识与习惯,教给他们基本的合作、讨论技能与技术。

在《我爱我家》教学课例中,老师要求学生在课余时间、小组合作收集家庭感人故事,用相机或摄像机记录下来。如:家庭的感觉——家庭的介绍,可以照片为主;我在家庭中成长——"我"的成长历程,照片、摄像均可;父母是我们的启蒙老师,家庭是我们的第一所学校——父母对"我"的教育;天伦之乐——大家庭的温暖;其他感人故事——父母的一天,各种难忘的家庭故事。之后,由学生们自己对所收集到的家庭感人故事进行编辑(信息技术课时间,教师指导,小组合作完成),

---

① 王崧舟.天地一堂课——相约拱宸桥[J].人民教育,2004(13—14):25—29.

将拍摄的照片和摄像剪辑合成,配上音乐、字幕或画外音,制作成主题明确的小影片。这个过程实际上就是学生对所获取的有关信息进行解释、加工和处理。

第一小组的代表用苹果机播放了他们制作的影片,伴随着轻柔的音乐,大屏幕上展现了一个漂亮的家,配上他深情的解说,让大家了解到这个温馨的生活环境和优越的学习环境都是父母辛劳换来的,也体会到孩子对父母的感激和热爱。……

接下来的小组,有的拍摄了一次有意义的生日晚会,展现了令人羡慕的天伦之乐;有的将自己出生到现在的经典照片编辑成影片,展示自己的成长历程,感谢父母、亲人对自己的无私付出和关心;有的放映了展现父母几年如一日陪自己学琴和练琴的影片;还有的拍摄了父母辛苦的一天,并配上音乐和字幕,提出引人思考的问题:"妈妈这么辛苦,我该怎样去为她分担辛劳呢?"[1]

(四)生成

1.生成模型。学生在信息释义、理解、组织加工的基础上,设计、开发、创意、建构表现外化的模型(表现的内容及结构),将所吸收的内容转化为所知的所能做的可操作模型(表象),做到"成竹在胸"、"胸中有数";同时,还要考虑我/我们胸中的"成竹"将要向谁展示表现(表现的对象),是小组的还是个别的,是同学、老师、家长或社区人士等?能取得什么样的效果?怎样来增强表现的效果?等。

2.尝试体验。让学生动脑、动口、动手、动身体,尝试将自己生成建构的模型外化出来,在学生自我尝试表现或在与同学互助合作、切磋碰撞的过程中,初步体验尝试结果,知道自己在尝试表现中对所获取信息理解的正确与否、生成模型是否正确有新意、初步的效果如何、成功与不足之处是什么、离期望的目标还有多远,等等,然后对初建的外化模型进行局部或全部的调整,形成表现的策略。

3.提供指导。学生在生成建构的过程中,教师应注意为学生提供指导,尤其是小学低年级学生还有学习落后的学生更要加强指导,随着年级的升高及教学的逐步深入,这种有意识的指导可逐渐减少,直到让学生自主自觉地去构思立意、组织材料、结构模型。教师在此处的指导应侧重于指导学生明确自己所学的、所理解的、所能做的是什么?这些东西能否外化出来或者说能否把它操作化?用什么方式外化?自己有没有喜欢与擅长的方式?等。

下面,我们以《一位老人的传记》这一大型、综合性表现任务(项目)的原型开发来说明履行生成的过程及展示原型。学生分组在获取一位老人的有关信息并

---

① 白智敏.我爱我家[J].人民教育,2004,13-14:64-67.

释义后,为了达到展示其一生的透视效果,学生要计算一些百分率——老人一生中学前占多少时间,上学花了多少时间,全职工作花了多少时间,退休后到现在又占了多少时间。如果老人是全职的家庭主妇或母亲,学生可以用她抚养孩子的时间作为她全职工作的年限。学生在传记中可用一柱状图显示一生中的几个阶段——学前、学习、工作和退休,时间用横轴(即 x 轴)表示,百分率用纵轴(即 y 轴)表示。

学生将根据他们的提纲写成粗略的草稿或传记原型。例如,学生用勾勒的基本框图来展现组织的情况,并对所写的和访谈时的记录、录音进行核对。学生要写一个目录表、献辞和前言。也许要再回顾一下已出版的自传或传记,看看一部成功的作品究竟是什么样的。然后,学生要把这些传记的独立部分组合起来,包括图例说明、系列文章和录像带的文字脚本,这些都要放到最终产品的原型之中。最后,学生要不停地草拟关于老人生活中的特定事件的脚本,这些事将要在项目最后的总结时向全班陈述。[①]

(五)表现

1.表现展示。教师在教室里积极创造条件,提供表现平台,引导学生按照自己喜欢且擅长的方式,如发布、发表、宣传、扮演、描述、介绍、争论、艺术活动等,向他人、小组、班级直接或间接地交流自己或小组所学和所生成的内容与结果。这是一个真实的学习情境,有的人会全身心地投入到表现展示活动中,有的人会成为积极的和有兴趣的观众,大家都有收获,得到共同进步。在这样的学习情境中,学生们在问题解决学习中所获得的知识技能、方法、情感态度和价值观得到充分展示,他们的创新意愿以及自我表现与实现的需要得到了满足。

2.运用媒体。教师要指导学生或要求学生在表现生成模型时应尽可能运用多种展示的媒体,如幻灯、投影、音响、多媒体信息技术等,特别是多媒体组合方式,能使观众对你或你们表现展示的内容、要点、过程、方法、问题等一目了然,增强表现展示的效果。当然也要提醒学生注意适切性,要因地制宜、就地取材。

3.迁移运用。教师要求学生在完成表现任务过程所学到、用到的知识技能以及方法策略迁移运用到相类似的情境中,巩固强化问题解决学习的成果。如果学习者能将所学的知识技能、方法策略运用到生活实际之中,并能够表现出在日常生活中改进技能、辨析知识和修正完善新知识,那就意味着他能够将学到的东西迁移运用、融会贯通到生活中。

在《一位老人的传记》这一大型、综合性表现任务中,学生完成原型开发,并进行必要的尝试、修改后,就要展示结果:

---

① [美]Sally Berman 著,夏惠贤等译.多元智能与项目学习——活动设计指导[M].北京:中国轻工业出版社,2004:49－59.

学生要通过和他们的编辑合作伙伴阅读传记中的选段或向他们放映录像来进行演示。学生也要通过和他们的老年合作者一起工作,阅读传记或放映他们的录像来加以锻炼。在项目的展示阶段,学生要编辑他们的项目档案袋,档案袋中应包括写作和图例草稿,木偶或原型的照片,或传记的最后版本——书、日记文章或录像脚本。

最后,每位学生展示他的作品。例如,学生要向班级介绍老人生活的情景,阅读传记中的"目前的想法和反思"这一段和歌唱老人的童谣片段。然后,学生要到老人的居住地作最后的正式访问,赠送亲笔签名的传记或录像带的拷贝,感谢老人的热心帮助。老人也许会和学生一起唱"他们的"歌,一起欢呼来庆祝成功。

(六)评价

1.评价结果。评价阶段是一次表现的终点,可能是下一个表现圈的起点。在学生充分表现的基础上,教师及时组织学生依据表现任务准则及学习目标(质量标准),对个体或小组的表现任务完成情况或表现学习活动的质量与水平,通过师生、生生多向评价,最大限度地肯定学生的表现。同时,教师要及时引导学生从表现对象那里获取我做得怎样的信息,要从观众的眼神与表情及现场气氛中获取反馈信息,作为判断自己或小组表现效果及成功与否的材料。

2.反思完善。师生在共享成果的同时,教师要组织学生对问题解决、表现任务完成的过程、方法、结果等进行反思,回顾与总结表现学习的全过程中我做得如何? 怎样做的? 有什么收获? 何处需要改进? 从何处入手等等。通过与预期目标相比较,让学生在反思中寻找差距、发现问题,以便据此对学习活动做出调整补救与完善;针对普遍存在的问题或典型的错误反应与动作,从新的角度加以澄清和纠正,并在综合、迁移、扩展中提高。

对《一位老人的传记》这一大型、综合性表现任务展示情况的评价,除了用任务准则或评价表进行评价之外,还要进行自我评价和小组评价:

学生还要通过在日记中回答下列问题来进行自我评价:
● 在这个项目中,你的倾听技能得到了怎样的改善? 确定一个你认为完成得较好的倾听行为,然后确定一个你认为要改进的倾听行为。
● 关于完成一部作品你学到了什么? 简明扼要地概括出计划、打草稿、修改和生成最后的稿子是什么意思。说说你在编辑别人的作品时学到了什么。
● 你从有关衰老中发现了什么令人惊讶的事情?
● 你认为人在变老的过程中最有趣的是什么?

对于小组评价,编辑伙伴通过回答如下开放式的问题进行评价:

- 当我们说或做什么(参见具体的合作技巧)时给出反馈,我们感到最舒心。

- 当我们听到、读到或做什么(参见具体的合作技能)时获得反馈,我们感到最舒心。

- 作为合作者,我们最好的工作是什么。

- 我们觉得我们的合作关系像……(食物链),因为两者……(在合作关系和食物链之间找出三处相似的地方)。

在表现学习结构中,作为学习主体的学生,其表现与反思始终处于互动之中。也就是说,学生在教师的引导与指点下,与学习环境开展应答性的多向交流活动,多维度多层次的吸收和处理信息,并通过自我鉴别和判断,形成自己的表现方式和内容,即时产生表现的深度和表现的个性,与共同的学习者分享成果。随着学习的不断深化,多向交流的不断循环,自我认知和自我评价的交叉反思,其元认知能力得到了有效地提高,自己能对学习的进程、学习的方式、学习的内容等作出自如的调节,表现能力也得到更为广阔的发展,基础性学力和发展性学力以及创造性学力及人格获得积极的发展。

从这个表现学习结构圈来看,学与教构成相辅相成的关系,是教师作为引导者、促进者与学生作为知识建构者相互作用的过程,并构成了从吸收到表现、反思等一系列循环往复、不断深化的过程,从中可以看出,内化与外显所经历的各个阶段不是机械割裂,而是相互伴随,相互促进的。因此,在实际操作时,这个表现学习结构圈中的各个步骤是灵活可变的,根据每节课以及每个单元教学目标、教学内容的不同,学习组织步骤可以按顺序一次结束,也可以多次循环,还可以跳过或删减某个步骤,对顺序作适当调整。

我们可以将表现学习的结构与传统的以认知为中心的教学结构的区别归纳如下:

第一,以认知为中心的教学基本结构着眼于教师的行为;"表现"型课堂教学结构则着眼于教师指导下学生自主探究的学习过程。

第二,以认知为中心的基本教学结构"以'本'为本",着眼于学生获取课本知识的多少;表现型课堂教学结构则"以人为本",着眼于学生的成长需要,即自我实现。

第三,以认知为中心的基本教学结构着眼于学生的基础性学力;"表现"型课堂教学结构不仅注重学生的基础性学力,更着眼于学生的发展性学力和创造性学力的培养,促进人的发展。可以说"表现"型课堂教学的这些基本特点,就是"为了每一个学生的发展"。

第二节 表现学习的基本策略

任何一种课堂教学结构,都有与之相呼应的实现教学目标的教学实施策略,它是促使教学结构能动态运行的基础。表现学习的课堂教学结构,也必须通过有利于促进学生表现的教学实施策略与方法,才能实施到位。在组织表现学习的实践活动中,我们主要运用了这样的教学实施策略:①

一、创设"表现"氛围,让学生愿表现、乐表现

心理学研究表明,有利于表现的一般条件是"心理安全"和"心理自由"。即在学生表现时,不希望因为自己的行为与结果与众不同而受到嘲笑或干扰。教师在教学中,要创设让学生感到"心理安全"和"心理自由"的教学情景,使学生在获取知识的同时能自由自在地继续自己的表现活动,养成在学习中表现,在表现中学习,勇于表现,勇于创新的学习品质。我们认为,创设课堂氛围可以从心理氛围、情感氛围、环境氛围三个角度展开。

(一)积极创设心理安全、心理自由的心理氛围

心理安全和心理自由的学习气氛是满足学生需要的先决条件,是促使学生主动参与、乐于表现的前提。老师应真诚对待学生,充分尊重学生所表露的情感与想法,理解学生间存在的差异,对学生的发言给予积极的评价,正确的引导。同时,教师应尽量减少容易造成学生心理紧张的"提问"式教学,让学生在合作中学习。学生相互间的自主交流,心理轻松自由,更容易互相接纳,互相肯定,并为完成学习任务共同承担责任,这必定大大增加学生的安全感,促使学生在课堂上大胆表现自己。

(二)努力创设愉悦、和谐的情感氛围

儿童是充满情感的,他们的学习活动、表现活动明显具有情感特征。儿童的情感很容易被感染、被激发,课堂上教师情绪直接影响学生。愉悦、和谐的情感氛围,能缩短教学内容、教师与学生之间的距离,诱发学生的内驱力,帮助学生形成最佳的情绪状态,促进学生主动表现。所以在课堂教学中,教师一方面要爱我们的每一位孩子,强化爱生意识,因为"师爱是连结师生双方心灵的桥梁,它有利于教师用亲近和信任来沟通与学生的情感关系,从而建立亲密无比的师生关系";另一方面教师要善于调控自己的情感,正确地表露自己的情感,要以情感情、以情染情,调动学生的情绪。

---

① 肖龙海,许一凡.表现性课堂教学:特征、结构与策略[J].全球教育展望.2004(5):56—60.

(三)善于创设有助于学生学习、探究和表现的环境氛围

苏霍姆林斯基曾说,"要使学校的每一面墙壁说话,发挥出人们期望的教育功能。"我们的学校,不仅要让每一面墙壁会说话,让每一面墙都发挥表现学生的功能,更应该让课堂成为学生表现自己的天地。课堂是学生表现的物理空间,这种氛围是学生直接可视的,对激发学生的表现欲、提高学生的表现质量同样有着不可忽视的作用。面对面的同桌议论、数人一桌的小组合作、几个好朋友自由择地商量、全班围坐成圈或"马蹄形",让学生自由选择座位,或欣赏同伴的表现,或展示自己的学习成果。同时,我们还应该充分借助多媒体技术的优势,为学生提供更丰富、更便捷的表现环境。

二、点拨"表现"行为,让学生会表现、善表现

现代教学理论把教学看作一种特殊的交往——社会活动。教师作为教学过程的学生群体和个体的学习行为的激发者、引导者、组织者、调节者和良好学习条件的提供者,需要每位教师依据教学的目标、内容、学生准备程度、时间和教师自身素养等,选择合理的教学行为,让学生在教学整体优化的表现氛围中学会表现,主动发展。我们认为,在课堂上对学生表现行为的点拨,可以按明确教学目标、吸收与理解、尝试与体验、表现与反思的程序进行。

(一)于导入、各教学起始处点拨,引导学生了解表现目标,激发表现欲望

教师提示有关信息,引起学生的注意和兴趣,或由教师提出要求,或让学生通过质疑,明确教学目标,以激发学生学习的内动力。教师也可以提示学生调用原有经验,为新知学习做准备。

(二)于吸收、理解处点拨,促进学生吸收表现素材,生成表现模型

教师精心组织教学内容,合理安排好新的知识、技能学习的逻辑顺序和心理顺序,借助多种多样方式,呈现教学材料,让学生选择自己感兴趣的内容和适合自己的学习方式感知新信息,探究新旧知识之间的关系,经分析、比较、归类等,将初步吸收的新信息内化,对教学材料形成初步的、整体印象,并探究新旧知识之间的联系,以促进理解,初步构建外化模型。

(三)于尝试、体验处点拨,指导学生表现外化,形成表现策略

教师创设良好的自主学习情境,让学生动脑、动口、动手、动身体,尝试表现,在学生自我尝试表现或在与同学互助合作、切磋碰撞的过程中,初步体验尝试结果,知道自己在尝试中表现的学习行为正确与否或正确的程度如何,离期望的目标还有多远,然后对初建的外化模型进行局部或全部的调整,形成表现的策略。

(四)于表现、反思处点拨,鼓励学生表现成果,不断提高表现水平

教师在课堂中积极创造条件,提供表现平台,引导学生按照自己的方式表现学习所得,充分展示个体或小组学习中获得的知识、技能、方法、情感,使学生个体

创新意愿得到表现,满足学生表现自我的需要。在学生充分表现的基础上,教师及时组织评价,通过师生、生生多向评价,最大限度地肯定学生的表现。同时,教师要及时引导学生评价反馈,使师生在共享成果的同时,对问题解决进行回顾与总结,通过与预期目标相比较,让学生在反思中发现问题,以便据此对教学活动做出调整补救,针对普遍存在问题或典型的错误反应与动作,从新的角度加以澄清和纠正,并在综合、迁移、扩展中提高。

而且,在"表现"型课堂教学结构中,作为学习主体的学生,其表现与反思始终处于互动之中。也就是说,学生在教师的引导与指点下,与学习环境开展应答性的多向交流活动,他将多维度多层次的吸收和处理信息,并通过自我鉴别和评价,形成自己的表现方式和内容,即时产生表现的深度和表现的个性,与共同的学习者分享成果。随着课堂教学结构的不断深化,多向交流的不断循环,自我认知和自我评价的交叉反思,其元认知能力得到了有效地提高,能对学习的进程、学习的方式、学习的内容等作出自如的调节,表现能力也得到更为广阔的发展,其基础性学力和发展性学力就能获得积极的发展。

在本研究中,我们将两者联结在一起予以考察,结果发现:结构与策略是紧密联系的,结构的推进依赖一定的策略,具体的策略在特定的结构中会有不同意义和价值。表5.3试图解析出结构与策略之间的关系。

当然,教学过程是具体而复杂的,教学内容是丰富多彩的,教学要完成的任务又是多方面的,因此,表现学习的实际教学过程中应当有多种策略,不可能一种策略从头用到底,要根据不同的教学目标、不同的教学情景、不同的教学环节,采用不同的教学策略。在研究过程中我们也发现,"表现"型教学策略具有很强的操作性,对激发学生的表现欲、提高学生的表现水平起到了积极的作用,但具体到各个不同的学科,在运用时还必须根据各学科的特点,选择一些更具针对性的教学策略和方法,促进学生表现。另外,从学生而言,必须根据学生的学习准备、认知风格、学习进度、学习技能等方面的个别差异,在策略运用上作出相应的变化和调整,以适应在班级中对学生进行个别教学的需要,要给每一个学生提供参与学习活动,以及自我表现的机会。可见,教学策略也应动态可调,要根据教学的实际情况创造性地组织教学,理解和运用表现学习课堂教学策略,让学生主动表现,积极表现,在表现中发展,在表现中形成健康的创新人格。

表5.3　表现学习结构与策略的关系

表现学习结构	表现学习教学策略内涵阐述	策略使用的意义
问题(任务)	教师提示有关信息,引起学生的注意和兴趣,或由教师提出要求,或让学生通过质疑,明确教学目标,以激发学生学习的内动力。教师也可以提示学生调用原有经验,为新知学习做准备。	了解表现目标,激发表现欲望。

续表

表现学习结构	表现学习教学策略内涵阐述	策略使用的意义
获取	教师精心组织教学内容,合理安排好新的知识、技能学习的逻辑顺序和心理顺序,借助多种多样方式,呈现教学材料,让学生选择自己感兴趣的内容和适合自己的学习方式感知新信息,	吸收表现素材,丰富表现积蓄。
释义	探究新旧知识之间的关系,经分析、比较、归类等,内化新信息,并探究新旧知识之间的联系,以促进理解。教师可以根据实际情况采取措施,比如引导学生自读思考、观察想象、交流感悟,或者激活学生已有知识、帮助学生联系生活实际等,同时教师巡回了解和获取学生学习中表现出来的典型信息,对不能深入理解的同学进行个别指导。	理解表现内容,促进知识建构。
生成	对教学材料形成初步的、整体印象,初步构建外化表象。同时让学生尝试表现,初步体验尝试结果,知道自己在尝试中表现的学习行为正确与否或正确的程度如何,对初建的外化表象进行局部或全部的调整,形成表现的表象与策略。	生成表现表象,形成表现策略。
表现	在课堂中积极创造条件,提供表现平台,教给学生表现展示的方式方法,注意引导学生按照自己的方式表现学习所得,充分展示个体或小组学习所获得的知识、技能、方法、情感等。	鼓励表现展示,获得成功体验。
评价	在充分表现的基础上及时组织评价,通过师生、生生多向评价,最大限度地肯定学生的表现。同时,教师要及时引导学生对问题解决进行回顾与总结,通过与预期目标相比较等,让学生获得有效反馈,以便据此对学习活动做出调整补救。	反思表现历程,提高表现水平。

第三节　表现学习的基本原则

一、师生共享学习的权利

"教是为了不需要教。"学习理念、学习方式方法变革的实质是促进学生的自主学习、自主发展。20世纪90年代,国外自主学习研究的代表者齐莫曼认为,当学生在元认知、动机和行为三个方面都是一个积极的参与者时,其学习就是自主的;他进而又从学习动机、学习方法、学习时间、学习的行为表现、学习的物质环境、学习的社会性等六个方面对自主学习的实质作出了解释。①

近年来,我国学者对自主学习的基本问题也作了一些理论探讨。有人认为,自主学习是指学生自己主宰的学习,其实质是独立学习。自主学习与他主学习相对立,它们的根本分水岭是学生的主体性在教学中确立与否。也有人认为,自主学习可分为三个方面:一是对自己学习活动的事先计划和安排;二是对自己实际学习活动的监察、评价、反馈;三是对自己的学习活动进行调节、修正和控制。具体说来,如果学生的学习动机是自我驱动的,学习内容是自己选择的,学习策略是自主调节的,学习时间是自我计划和管理的,学生能够主动营造有利于学习的物质和社会性条件,并能够对学习结果作出自我判断和评价,那么他的学习就是充分自主的。反之,如果学生在学习的上述方面完全依赖于他人指导和调节,其学习就是被动的、不自主的。

在近几年的研究与实践中,我们体会到,自主学习不仅仅是指学生自己学习,比如说预习、自学等,也不是指学生自己主宰自己的学习;当然,更不是"放任自流",学生想学什么就学什么,想怎么学就怎么学,想学到那儿就学到那儿。传统教学最突出的问题是课堂上以"教"为本位,以"本"为中心,教师控制课堂,教师单方面作出有关课堂学习的决定,一切由教师说了算,教师牵着学生鼻子走,学生完全受教师的支配、没有参与学习过程,学生在学习过程中缺乏学习的自主权。没有自主权的学习就不是真正的自主学习;没有自主权的学习也不是真正的合作与探究学习。这就是传统的"教师中心"的做法。但是如果来个彻底的改变,一切由学生单方面作出有关学习的决定,学生自己主宰学习,一切由学生说了算,教师一味迎合学生的学习兴趣需要,这就是进步主义"学生中心"的做法。教学活动是由教师的教与学生的学相辅相成的活动,任何单方面支配、控制、主宰的做法都是不合理、有害的。我们认为,只有师生共享学习的权利,通过师生协商对话、共同作出有关课堂学习的决定,亦即师生共同决定学什么、怎么学、学得如何,才能充分调动学生学习的主动性、积极性和创造性,这才是真正意义上的自主学习。②

自主学习的实质在于师生共享学习的权利、共同作出有关学习的决定:③

(一)共同决定学什么

如果由教师单方面依据教学大纲、教材或课程标准为学生安排有关学习内容与活动,就可能脱离学生实际或不能很好地关照学生学习的内在需求。教师认为重要的,也许学生早已领会了;教师认为无足轻重的而学生可能最感兴趣。这样,

---

① 庞维国.90年代以来国外自主学习研究的若干进展[J].心理学动态,2000(4):13.

② 肖龙海等.共享学习的权利——初中生协商式学习研究[J].教育发展研究,2003(11):44.

③ 肖龙海著.学与教的新策略[M].杭州:浙江大学出版社,2006:186—191.

教师教的意图与学生学的意图往往会相互矛盾,甚至会相互冲突,出现"要我学"的现状,教师不得不通过一些强制手段迫使学生学习。如果师生共同确定学习的内容与问题,那么,师生对学习内容就能产生共识,教与学的意图就能很好地一致起来,学生就能进入"我要学"、现在就开始学的主动积极状态。课堂上老师和学生共同确定学什么,既不会偏离课程标准的要求,又能充分落实学生在学习过程中的主体地位,尊重学生的意愿并满足他们的学习需要。

(二)共同决定怎样学

以往的课堂教学是教师依据教材确定的,教师说了算,学生是被动接受教师的学习指令;知识以灌输的方式被学生接受,忽略了知识掌握过程的合作、探究性。学习方式基本上是"坐中学"——坐在座位上听老师讲。学习方式是学习者在完成学习任务时所表现出来的具有个人特色的学习策略与倾向。学习方式是多种多样、丰富多彩的。有的学生喜欢独立学习,而有些学生喜欢合作学习;有的学生善于通过听来学习,而有些学生喜欢通过读或做来学习……如果把学生的学习方式限定在听老师讲课、被动接受知识这一种方式上,学生对怎样学、用何种方式学没有自觉的意识与反映,或者说缺乏自主权,那么,无论如何也谈不上自主学习。

(三)共同决定学得怎样

以往是由教师以提问、作业、测试等形式进行评价为主,评价标准单一、过分关注结果。自主学习不仅是学生对学习的开始、过程有自觉的意识与反映,对学习的结果也要有自觉的意识与反映。这是因为任何实践活动都是有目的与对象的,对学生来说,在开始学习之前他们必须知道学习的目的与对象(例如学什么、为谁而学等),这将直接影响学习内容与方法的选择和学习结果的获取。师生共享学习的评价权,才能实现全过程的自主学习。

二、优化组合学习方式

(一)优化组合的标准

学习方式是人们在学习时所具有或偏爱的方式。某种学习方式本身不应理解为一种单一的方式方法。每种学习方式都有其主要的、独特的职能,但并不是唯一职能。[①] 前苏联著名的教学论专家巴班斯基曾对教学方法作过深入的研究。他从人类实践活动论出发,把教学活动区分出三个最重要的成分:组织作用的,激发的和检查评定的。由此,从整体性的观点看教学活动就有三大组的教学方法:一是组织和实施学习认识活动的方法;二是激发学习认识活动和形成学习动机的

---

① 肖龙海等.优化组合:自主学习实现的路径[J].教育发展研究,2007(10B):116.

方法;三是检查和自我检查学习认识活动效果的方法。对此,巴班斯基特别强调指出:"这里所根据的是各种方法的主要职能,但并不排除它们也有可能在教学过程中完成相邻近的职能。例如,组织学习认识活动的方法不仅可以完成其本身的主要职能,而且还可以根据其应用的有关特点实施激发的职能。同时,这些方法也可用来提供关于学生知识技能水平的一定信息,就是说,在某种程度上还可以实施检查的职能……所有这一切都有可能说明,任何一种教学方法都在一定程度上同时实现着教养、教育和发展的职能。"①

"多数教学方式(方法)问题的研究者得出的结论是,在任何行为中的活动总是结合着几种方式(方法)的。各种方式似乎总是彼此相互渗透着的。它们从不同方面表征着教师与学生同一的相互作用。如果我们仍然还说此刻正在运用某一种方式,那就意味着这种方式在该工作阶段中占有优势地位,它为解决主要的教学论任务带来较大的贡献。"各种学习方式是相互联系、相互渗透的,在学与教的活动过程中发挥着各自不同的相互作用,但在学习的不同阶段以及解决不同的学习问题的时候,某一种方式发挥着主要作用。我们只能说此时此刻用的是某一种方式,而并不代表整个学习活动过程及其不同的阶段都是用这一种方式。

我们可以推论,自主学习也不应理解为一种单一的学习方式,比如说课前预习或课内以及课外自学等。自主学习方式是以师生共享学习权利为优势特征的、多种学习方式方法在不同的学习阶段以及针对不同学习内容而形成组合,或者说是优化组合,是一大组或者说一大类学习方式方法。在自主学习方式中,自主—他主的、合作—个别的、探究—接受的等,这些对立的学习方式都有可能在师生共享学习权利的基础上形成自主学习方式组合。哪怕是机械性学习,比如说对一些内容的死记硬背,如果是师生共同觉得有必要用、必须要用的,或者说是师生都意识到要用、情愿用的,那么,这种机械性学习方法也可以结合到自主学习方式中;同样,接受式、讲授式等也都可以和自主学习方式相结合。而不是说新课程强调自主、合作、探究学习,那么,新课程的课就不能用接受式、讲授式教学方式方法了。其实,问题的关键不在于某一种方式的本身,而在于方式的组合以及在什么样的理念指导下的组合,自主学习就强调在师生共享学习权利的理念指导下,做到多种学习方式方法的优化组合。正如巴班斯基指出的那样:"同样一些方法可以包含在不同的教学方式中,但当它与其他方法相结合时就会形成另一种教学方式。例如,识记的方法既可以包含在再现方式中,又可以列入问题探究方式中。但是,在前一组方式中,识记的方法起着决定性的、基本的作用,并凌驾于其他一

---

① 巴班斯基主编,张定璋等译.中学教学方法的选择[M].北京:教育科学出版社,1985:16,21—24.

切教学方法之上;而在问题探究方式中,识记方法已经不占中心地位,基本上是用来帮助识记由于问题讨论的结果所获得的知识。"

根据我们对于自主学习方式的理解以及课堂教学的实际,参照巴班斯基的有关研究成果,我们拟定了几条有关自主学习方式优化组合的标准,作为我们实践的依据:

1.优化组合要满足师生共享学习权利的要求。学生是学习的主人。学生在学习的全过程之中都有自主学习的需要,而不仅仅在于学习活动的某一阶段,比如说之前、之中或之后。师生共享学习权利要落实到学习的过程之中,在学习动机的发动、学习内容的约定、信息方法的选择、学习过程的调控、学习结果的评价等环节,学生都要参与学习决定的做出,在此基础上选择学习方式方法及其组合。

2.优化组合要有效果观念。教师要明确自主学习方式以及其他学习方式实际运用的可能性,防止片面夸大其在教学过程中的作用,防止用刻板陈式千篇一律地施教,高效低耗,为具体学习情境选择合理的学习方式。

3.优化组合要符合教学内容的特征。不同的学习内容需要不同的学习方式。比如,有的内容用归纳法可以较好地揭示,而有的内容则运用演绎法更为妥当;一种内容可以探究地来学习,而另一种内容则应用探究非学生力所能及,等等。因此,在学科学习内容明确之后,要对各种不同方式及其组合的可能性作专门评价。

4.优化组合要考虑到学生的可能性。这一标准要求教师必须预先研究学生从事自主学习以及合作、探究学习活动的实际准备程度,研究学生的学习态度、自我检查能力水平和学习时间精力如何。根据这个研究,教师就可以决定在教学过程中如何组合运用学习方式方法。

5.优化组合要考虑到教师自身的可能性。教师必须从运用自主学习方式的角度考虑自己本身的可能性,考虑自己在运用自主学习方式方面现有的能力水平,这些可能性和能力容许教师侧重运用某些学习方式。同时,也要考虑自身为运用这种或那种方式的结合所具有的时间。有些方式(如问题探究,归纳法)要比其他方式(如再现法、演绎法等)多耗费时间。因而,我们有时要采取适中的方式而放弃当初所选定的一套方式,为的是有限的时间内如期达成目标。

应当强调的是,上述几条标准要综合地运用。因为在没有遵守哪怕是其中一个标准的情况下,学习方式的优选程序就会不完整,以致使整套方式达不到预期的效果。

(二)表现学习方式的优化组合

表现学习是一种促进学生自主学习的基本的学习方式。它是一种重视"外显品质、凸显能力、重在体验、行动中学、展示结果"的学习方式,它能推动教学"从求知到表现"的转变。表现学习是以"表现"(performance)为核心特质,是自主、合作、探究、接受等多种学习方式的整合。它预示着我们的学生将走出过去那种被动应付、机械训练、死记硬背的学习局面,转而走向用自己的眼睛观察、用自己的头脑思考、用自己的语言表达、用自己的双手操作的学习新时代。

在表现学习体系中,学习目标的制定、教师教学观的转变、课堂教学结构与方法的运用、课外活动的设计与开展以及评价方式的改变等,都要转变学生学习的方式,即以表现为导向,通过学生从愿表现到善表现、从问难质疑到问题解决、从交流到分享,促进学生进行自主、合作、探究学习,实现多种学习方式的优化组合,从而为学生的发展、潜力的开发提供广阔的空间。[①]

1.从愿表现到善表现,不断提升学生自主学习的积极性

根据国内外学者的研究成果,自主学习概括地说,就是"自我导向、自我激励、自我监控"的学习。具体地说,它具有以下几个方面的特征:学习者参与确定对自己有意义的学习目标,自己制定学习进度,参与设计评价指标;学习者积极发展各种思考策略和学习策略,在解决问题中学习;学习者在学习过程中有情感的投入,学习过程有内在动力的支持,能从学习中获得积极的情感体验;学习者在学习过程中对认知活动能够进行自我监控,并作出相应的调适。

我们认为,这里所说的自主学习应该是指在一定的教学条件下的学生的高品质的学习。所有的能有效地促进学生发展的学习,都一定是自主学习。大量的观察和研究充分证明:只有在如下情况下,学生的学习才会是真正有效的学习:感觉到别人在关心他们;对他们正在学习的内容很好奇;积极地参与到学习过程中;在任务完成后得到适当的反馈;看到了成功的机会;对正在学习的东西感兴趣并觉得富有挑战性;感觉到他们正在做有意义的事情。要促进学生的自主发展,就必须最大可能地创设让学生参与到自主学习中来的情境与氛围。

依据这样一种认识,我们在实施表现学习时,实际上就是在一定的教学条件下,使学生的自主学习得到有效发挥,即不断提升学生自主学习的积极性,换一句话来表达,就是通过教师的努力,唤醒学生学习的自主性,并促使学生自主学习意识的不断生成和发展。

在前面的几个课例当中,我们已经能够看到关于学生自主学习的情形:教师善于依据学生心理需求来设计教学方案,学生善于根据学习内容来自主确定表现形式,目标设定有利于学生的表现,评价方式注重学生的个体发展和整体提升等。特别要注意的是,在表现学习整个实施中,创氛围、精点拨是作为教师主体作用的发挥而被运用于促进学生表现的始终的。

学生就是在这样良好的学习环境中得到了自我意识的觉醒,并在这种自我意识的生成和发展中强化了表现的意愿,也就是学习兴趣和动机的激发,这一点可

---

① 参见苏立军,商静儿.在表现性学习中改变学生的学习方式[J].当代教育科学,2004(18):49.

以在表现学习结构中得到进一步的印证,也可以在表现学习的目标设定、评价方式中得到体现,而表现学习的活动操作中则更加体现了学生表现学习的自主性。

特别是在活动这一领域中,表现学习能够充分考虑到学生自主性、积极性的提升,由课堂教学活动入手,以培养自主性为主而使学生获得自主学习的方法,并进而延伸到家庭探究活动和社会实践活动,具有了更多的自主内容,如对自主学习内容的选择、探究目标的确定、相关材料的搜集、信息的加工处理以及最后的目标的达成等,都使自主性学习活动更加加深了表现学习的深度。

2.从问难质疑到问题解决,不断强化学生探究学习的有效性

从探究学习的角度来说,所谓探究学习就是从学科领域或现实社会生活中选择和确定研究主题,在教学中创设一种类似于学术(或科学)研究的情境,通过学生自主、独立地发现问题、实验、操作、调查、信息搜集与处理、表达与交流等探索活动,获得知识、技能,发展情感与态度,特别是探索精神和创新能力的发展的学习方式和学习过程。

表现学习是实现学生探究学习的重要载体,或者是一条重要途径。在以往的学习过程中,学生的学习过程是属于接受学习,即教育者将学习内容直接呈现给学习者,学生就会被动地接受知识,而表现学习强调主动学习,讲究在吸收与理解的基础上的尝试与体验,而探究学习中学习内容也是以问题的形式来呈现的,具有更强的问题性、实践性、参与性和开放性。表现学习强调反思"表现"得失,及时调整并补救,为下一个更高水平的学习创造条件,以获得理智和情感体验、建构知识、掌握解决问题的方法,这也正是探究学习要达到的三个目标,表现学习与探究学习有着本质的一致性。

在表现学习中,问难质疑是教师着力营造的一种学习环境,学生也在这种充满探究学习环境中善于问难质疑。我们可以来看一个案例片段:

案例　千克的认识 ①

核心问题:略

问难质疑到问题解决过程:

生1:老师,我认为这道题你批错了,一千克鸡蛋约8个,我认为也是对的。

生2:老师,我填的是一千克鸡蛋约25个,也是正确的。

师:(很诧异地)是吗?

生3:昨天我和妈妈去菜场买过,1千克大约12—20个。

(对对对,许多同学答应着)

———————————

① 浙江省富阳市富春三小商静儿老师执教.

师：我只是考虑一般情况，答案可以填12—20。

生1：那特殊情况也有的，我从电视里看到有的鸡蛋就很大。

生4：老师，世界之大，无奇不有，我相信有很小的鸡蛋。

师：那好吧，今天的作业，大家去找一找资料，如果你能找到这样的资料，老师给你批对。

（第二天，我成了一个忠实的听众，也有很多惊喜）

生1：我跟妈妈又去买了鸡蛋，发现最大的有83克，1千克大约12个，最小的有35克，1千克大约26个。

生2：爸爸帮我上网查到，最大的象鸟蛋大约有10千克，最小的蜂鸟蛋只有0.2克。

生3：我在《世界之最》这本书中找到，最大的鸡蛋重量有340.2克，里面有5个蛋黄，这个鸡蛋是1896年英国的一个农场一只名叫"米诺卡"的母鸡生的。

这个片段首先由学生对教师的批改进行问难开始，引起其他学生的深思和探究，同时又由学生自身的生活经验出发，搜集相关信息，并依据这些资料进行分析判断，最后实现问题解决。这是一种比较典型的探究学习过程。这种问难质疑到问题解决的过程就是一种表现学习过程，它融入了探究学习的理念和方式方法，有助于发展学生优秀的智慧品质，如：热爱和珍惜学习的机会，尊重事实，客观、审慎地对待批判性思维，理解、谦虚地接受自己的不足，关注美好事物等。

3. 从交流到分享，不断内化学生合作学习的真实性

表现学习所倡导的另一个重要理念就是既要求承担个人责任，也有益于分享他人经验。在表现学习过程中，个体的学习经验将成为群体探究学习的基础，实际上构成了合作学习的协作团体。因为，在表现学习中，"表现"并不是一般的出出风头，矫揉造作，而是要求每一个人都扬长避短，自我加力，展示自己真才实学。

我们知道，在新课程理念中，合作学习是指学生在小组或团队中为了完成共同的任务，有明确的责任分工的互助性学习，它有以下几个方面的要素：积极承担在完成共同任务中个人的责任；积极的相互支持、配合，特别是面对面的促进性的互动；期望所有学生能进行有效的沟通，建立并维护小组成员之间的相互信任，有效地解决组内冲突；对于各人完成的任务进行小组加工；对共同活动的成效进行评估，寻求提高其有效性的途径。

我们认为，在表现学习中，应把合作动机和个人责任放在首位，强调个人在团队中的地位和作用，从而使个人之间的竞争转化为小组之间的竞争。我们知道，如果让学生长期处于个体的、竞争的学习状态之中，久而久之，学生就很可能变得冷漠、自私、狭隘和孤僻。而在表现学习中，在创设各类校园、社区活动中，以及各

类家庭活动和社会实践活动等,我们都要注重学生之间的合作,即强调学生之间的交流与分享。

因此,在学习活动或探究活动中,学生的表现总是在一定的社会情境中展示着自己的才华与品格,给别人带来愉悦和启迪,同时也从别人的反应态度中得到收益。在群体环境下,他们的表现,不只是表现者的输出过程,同样是从观察者(欣赏者、效仿者乃至评论者)中汲取养分回馈自身的过程。从而,学生的自我表现和他人的表现构成了彼此分享、相互激励、共同提高的良好学习生态,以激励着和谐群体关系、调适着自身的心理环境。

由于个人责任的强调和合作精神的渗透,使得表现学习更加具有组织性,其真实性得到了有效的强化。

三、为"表现"而设计教学

(一)传统教案设计的问题

传统的教案是由教师根据教学大纲和教材编写的,在整个编写过程中,虽然也不时地呼吁要考虑到学生的原有基础和实际认知发展水平,但往往是由教师一个人单方面完成,学生几乎没有任何形式的参与。教学理论上强调的"教学设计要符合学生实际,要从学生的问题出发"等观点,实际上都是教师凭借以往的教学经验、更多的是从自己的主观意识出发,设计、组织课堂教学。[①]

学生是表现学习的主体,教师是学生表现学习的促进者。因此,学生完全应该、也必须应该参与到课堂表现学习活动的设计与开发中,行使自己的学习权利。这种自主学习的权利,首先就体现在对整个课堂学习活动整体设计的参与程度上。教师根据课程标准、根据儿童的认知发展水平等,设计出各部分的基本内容。但这并不是最终在课堂中实施的"蓝图",学生可以根据学习主题、自己的实际水平和兴趣爱好等因素提出适合自己的学习内容与任务、学习方法、成果展示方法等。在此基础上,师生之间根据课程标准的要求、班级的实际情况等因素进行协商作出有关学习的决定,最终形成课堂学习活动的基本框架。

传统的教案是由教师在教学活动之前设计编写的,专供教师在课堂教学中使用或参考使用的教学方案,因此,学生在课前以及在课中、课后基本上是不知道教师的课堂学习活动设计与安排,教师是教案的拥有者和课堂学习活动的具体设计者、实施者,学生则只是教案的被动接受者。整个教学过程都是由教师完全控制的,学生只是跟着教师的思路,一步一步地完成教师预先设计的教学环节和教学任务。在这样的课堂中,教师处于"权威"和"知识代表"的位置,师生之间在教案

---

① 肖龙海等.从教案到菜单:师生共同开发学习活动[J].教育科学研究,2004(2):49.

的设计和课堂学习的环节安排上几乎不存在对话。

在表现学习设计中,师生要共同设计与使用学习结果。教师与学生共同作出课堂表现学习活动的有关决定,学生参与学习内容与任务及学习环节的整体设计与安排,对于学习任务、任务准则、学习方法、展示方式等都有很大程度上的自主参与决定的权利,师生共同作出课堂表现学习的决定,形成课堂学习活动的基本框架。这个通过共同对话而形成的学习方案,不仅是教师组织课堂学习活动的基本依据,也是学生准备与开展学习活动以及课后学习或完成表现任务的基本依据。

在传统的教案设计中,由于教案的设计是由教师单方面完成的,学生几乎是没有机会与权利参与其中。理论上所强调的在备课时要"吃透两头"(教材与学生),而实际上教师的设计是更多地以"教学大纲、教材、教参"为设计的基本依据,全班学生往往被看成是一个学生,或者说学生被抽象化了,教案的设计体现出来的是一种统一的要求。学习的要求与内容基本相同、学习方式比较单一、学习速度基本一致等。总体而言,在实践中,教案的设计以统一要求为主,并不能很好地体现学生的个体差异,不能使所有学生都完全适应课堂表现学习活动内容和方式。

在表现学习模式下,学习活动的设计遵循"教学设计要符合学生的实际、要从学生的问题出发,学习方式要多样化"的现代教学设计理念。教育专家文喆指出:"所谓的备课,实际上就是备学生,就是了解学生的实际情况;所谓的教学设计,就是为不同的学生,起码是不同类型的学生,设计出符合他们需要的学习计划、学习方式与学习进度。"[①]表现学习设计以学生的实际学情为设计的出发点,在同一学习任务及活动中考虑到学生实际学习的个体差异,把全班学生看成是一个个学生,注重学生个体对于学习内容、表现学习任务、学习方式方法、展示方式等的自觉反应与多样化选择,再通过对话把不同学生的学习要求与个体的学习方案,整合成一个或多个课堂学习的基本方案或活动框架,使课堂学习活动真正"面向全体学生",扩大学生的群体适应度,体现出"因材施学"的教育理念。

(二)"表现学习"设计

1.国外表现学习设计的案例

国外有关表现学习活动设计的内容、形式比较新颖,操作性比较突出,对学生学习的组织、引导、促进作用十分明显。参见表5.4:"九年级西方文明课程"案例。[②]

---

① 文喆.关于教学设计的若干思考[J].人民教育,2003,(13—14):15.

② 比尔·约翰逊著,李雁冰主译.学生表现评定手册——场地设计和前景指南[M].上海:华东师范大学出版社,2001:217—220.

表 5.4 九年级西方文明课程案例(掌握结果)

技能技巧和习惯:
- 研究
- 用不同的方式写作
- 分析性的阅读
- 与小组成员合作
- 独立作业
- 有效的聆听
- 在公众场合讲话的能力
- 有效的时间管理
- 资料、阅读等的组织、条理性
- 有效的提问
- 小组讨论
- 良好的学习习惯

内容:
- 运用政府、宗教、经济、艺术与建筑、科学与技术、教育、社会与文化价值观念分析模式,理解跨越时代和地理位置的文化。
- 运用分析模式了解西方文明的基础,了解"我们"(美国)的来历。
- 基本的因果关系,即符合逻辑的和可以预测的历史趋势(如果你知道如何去看待)
- 艺术与建筑鉴赏
- 了解第一与第二来源
- 当前事件

态度或行为:
- 负责任
- 虚心、坦率
- 公正、无偏见
- 礼貌谦恭、尊重别人
- 好奇心、求知欲
- 善于思考

基本问题:
- 美国是怎样发展成为今天的状况的?
- 一个好的社会或文明是什么样的?
- 一个公正社会是什么样的?
- 一个良好的公民是什么样的?

假设现在你是一位出色的旅行代理人,在你的旅行社是属于最好的,但是你一直都没有机会与你的顶头上司一起工作过。现在,你的老板带了一个特殊的问题来找你:一个由来自美国各地的考古学家和人类学家组成的旅行团想进行一次旅行,包括参观英格兰的几个博物馆、法国的几个博物馆、古巴比伦遗址、埃及的金字塔和狮身人面巨像,以及耶路撒冷的圣城。他们想乘飞机、火车、小汽车、公共汽车和轮船进行他们的旅行。

续表

你的老板已经交待得非常清楚,要求你做下面的事情:

1.安排所有的成员乘飞机旅行,借助于地图完成任务,详尽阐释你所建议的路线。他们全部从纽约出发。

2.用书面形式一站站地解释旅行团的预定行程。即他们接下来要去什么地方,怎样到达那个地方,以及到达每个地方以后具体做些什么、看些什么等。

老板还说过,如果你能把旅行团的消费价格分成细目的话,你可以拿到一笔奖金(当然,这意味着更高的信用)。如乘用不同的交通工具,从一个地方到另一个地方需要花费多少钱?他们所住的旅馆是什么价格?他们希望在吃饭方面花费多少?

运用地图和书面的旅程计划,准备在 11 月 12 日(星期二)当着全班同学的面发言。

有什么问题吗?

祝你好运! 有趣些!

评价细则有 A、B、C、D 四个等级,具体如下:

A:

a 绘好了完整而清楚的地图,并做好了标记。

b 提供完整的书面旅行计划,逐站清楚地解释了以上旅程的安排,包括诸如他们将参观哪些与他们的考古学和人类学兴趣点、专业直接相关的地方等细节(如他们在英格兰和法国将参观哪几个博物馆等)。同时,它还意味着你要清楚地解释他们乘用什么交通工具从一个地方到达另一个地方(如小汽车、轮船、飞机,等等),以及乘用各种交通工具将相应耗费多少时间等。

c 采用在公众场合演讲的方式向全班同学清楚地呈现你的最终计划:清楚的发音、直观教具、良好的状态、严肃的态度。

B:

a 绘好了地图并做有标记,但不够详细。

b 有书面的旅行计划,也逐站解释了整个旅程安排,但有些地方未能清楚地解释某些细节。

c 最后计划的呈现,不像一个优秀的公共场合演讲人员所必须做到的那样清楚或直接,运用了直观教具但也不像客观所需要的那么清楚。

C:

a 绘有地图但对细节的考虑展示得较少,以及(或者)有些地方和东西是标错了的或者未明确标示。

b 有书面的旅行计划,但杂乱不清,甚至有关旅行团乘用什么交通工具,以及依次参观哪些地方等也未能安排清楚。

c 最终计划的呈现,声音不够清楚、响亮,用直观教具辅助较少。

D:

a 所绘地图不完整,马虎零乱,没有标记,反映出对细节考虑的极度欠缺。

b 书面的旅行计划杂乱不清,缺少旅行人员必需的信息。

c 最后计划的呈现漫不经心,方式方法不够专业。

d 三项要求中只做了两项。

如果此项目是失败的,那学生肯定是:

a 几乎或干脆没绘任何地图。

b 几乎或干脆没有书面的旅行计划。

c 在全班同学面前呈现最后的计划以失败告终。

下面是表现学习设计的另一个简要案例："表 5.5 社会研究：时间、连续性和变化"。[①]

表 5.5　社会研究：时间、连续性和变化案例

核心问题：人们如何对同一事件作不同的解释？

关键技能	核心概念和内容	表现任务
选择 研究 比较 对照 书写 说明 报告	变化是经常的、不可避免的，历史是一系列因果关系，历史有多种不同的解释方式。	表现任务Ⅰ：作为新闻记者小队，选择当前一个事件并研究不同资源对事件的叙述（描写）、比较和对照不同的叙述，写下你自己对事件的叙述，其中包括在何时、何地发生了什么事？为什么？向其他小队报告你的事件。
评价标准： ● 清楚地陈述你所选择的事件。 ● 从不同的资源收集该事件的有关信息。 ● 选择核心的观点。 ● 分析事件叙述中的相同与不同点。 ● 书面解释你的理解。 ● 创意一种说明方式以支持你的观点。 ● 组织观点并向他人报告。		表现任务Ⅱ：你选择了现行事件并研究事实和不同资源的叙述、比较和对照不同资源的叙述，包括报纸、杂志、电视和其他媒介，你要书面叙述事件假如发生在 100 年以前，这件事将会怎样？并向历史系学生报告这件事，它是如何随着时间推移和观点的变化而被误解。

国外表现学习的设计案例，以它独具特色的格式和富有鲜明个性的设计内容，引起了我们的极大兴趣，我们将其与我国传统的教学设计方案作了比较，并结合我国新一轮课程改革的理念与实践，探索表现学习设计如何本土化，使它在促进学生充分表现，全面提高学生素养方面发挥作用。

2. 表现学习的设计

在对国外表现学习设计案例和我国传统的教学设计进行比较后发现：由于诸多差异的存在，我们很难直接以此为蓝本设计，并进行教学。如他们的设计是以"单元"为单位设计学习活动，而我们是以"课时"为单位设计教案；设计中，他们着力于目标的具体化、实用化、操作化，充分体现综合性、趣味性和可行性，而我们则致力于知识、技能的专业化、系统化；方案实施时，他们可实行长短课结合，课内外、校内外结合，而我们的每一节课都是 40 分钟，课内外、校内外结合也因受班额过大，社会学习环境和条件等方面因素的限制，实施起来有一定的困难。所以，有

---

① Burz, H. L. et al. Performance-based Curriculum for Social Studies—From Knowing to Showing. Thousand Oaks, Calif. ；Corwin Press, 1998；24.

必要来一个"洋为中用",让表现学习设计本土化。

我国新一轮课程改革已经起步,要让表现学习设计本土化,重要的一点是找到国外表现学习设计与我国新《新课程标准》两者之间的"差异"与"共同点",然后找到两者的"结合点",使之接轨。

有关资料显示,美国《国家应用学习标准》按五个要素和九大能力来设计应用学习的课程目标。

A 应用学习的五个要素绩效标准。

- 问题解决
- 交流的手段与技巧
- 信息手段与技巧
- 学习与自我管理手段与技巧
- 与他人合作的手段与技巧

B 九大能力

综合实践活动类课程中,要着眼于发展学生的基本实践能力。九大能力如下:

- 收集、分析、整理信息。
- 交流思想和信息。
- 安排和组织资源。
- 与他人共同工作和从事集体工作。
- 解决问题。
- 使用数学思想和技巧。
- 使用技术。
- 随时根据需求进行学与教。
- 理解和设计(生产)系统。

关于综合实践活动类课程目标的具体表述,九大能力目标融合在五个要素中。[①]

就《表现学习设计案例》显示的教学目标看,表现学习设计的课程目标紧扣"应用学习的五个要素和九大能力"。这与我国《新课程标准》在"课程目标"中提出的"综合性学习"目标是何等的接近。以语文学科的"综合学习"为例,我们评价的着眼点主要在:

——在活动中的合作和参与程度。

——能否在活动中主动地发现问题和探索问题。

---

① 郭元祥.综合实践活动课程设计与实施[M].北京:首都师范大学出版社,2002:113—115.

——能否积极地为解决问题去搜集信息和整理资料。

——能否根据占有的课内外材料,形成自己的假设或观点。

——语文知识和能力综合运用的表现。

——学习成果的展示与交流。

就《表现学习设计案例》显示的教学内容和设计课时看,一般来说,它是学科教学的一个单元或内容较为丰富的一个阶段的教学设计,而不是我国教师所熟悉的、习惯意义上的针对某一课时,要求在一节课中完成的教学设计。尽管如此,但仔细分析表现学习设计中各个项目,我们又可以发现,这些项目的内涵在我国新《新课程标准》中都有明确的体现。

核心问题 美国《国家应用学习标准》的课程目标在列出了"五个要素"后指出:"问题解决"的标准是这些标准中的核心,绩效标准明确说明了集中于生产活动和围绕"问题解决"而组织起来的学习活动。据此,可以认为,"核心问题"是指能体现关键技能,核心知识,情感态度,表现任务,与教学的重点、难点有关的问题,它统整教学目标,需要师生着力去探究,即"牵一发而动全身"的问题。

关键技能、核心知识、情感态度(态度行为) 这三项相当于我国《新课程标准》中"知识和能力、过程和方法、情感态度和价值观三个维度"的课程目标。这与我国《新课程标准》中的三维目标一致。

表现任务 "表现任务"单独列出,首先在于它不仅突出"表现"这一特色,更表明表现学习设计重视学生的学习过程和方法,与"表现"性课堂学与教结构"着眼于教师指导下学生自主探究的学习过程",强调"以人为本,着眼于学生的成长需要,即自我实现"和"着眼于学生的发展性学力和创造性学力的培养,促进人的发展"相一致。可以说,突出"表现",是课题的精华所在。其次可以看出,在表现任务表述时,对行为动作的要求更为明确、具体,操作性更强。再次,"表现任务"可以从范围、层次、程度、性质(如拓展、巩固、发展、创造……)等方面考虑,还可分出课内、课外不同的任务,不同任务间的区别,更能体现课程的开放性。

评价标准 从表现学习设计特点出发,这里的"评价标准"与"表现任务"有密切的相关性,它主要评价"表现任务"完成得怎样,并以学生的外化表现为判断标准。这与《新课程标准》指出:"课程评价的目的不仅是为了考察学生实现考察目标的程度,更重要的是为了检验和改进学生的学习和教师的教学,改进考察设计,完善教学过程,从而有效地促进学生发展"是一致的,与"形成性评价和终结性评价都是必要的,但应加强形成性评价。提倡采用成长记录的方式,收集能够反映学生学习过程和结果的资料"的评价要求也是一致的。

通过比较分析,我们对表现学习设计的本土化,如何通过表现学习设计促进"表现性课堂学与教"的研究和进一步完善,有了一定的理性认识,明确了表现学习设计的基本框架以及有关设计的项目与内容。我们整合出自己的表现学习设计的框架方案见表5.6。

表5.6 表现学习设计框架

学科：	年级：	单元/内容：	设计课时：

核心问题：

关键技能	核心知识	情感态度	表现任务（1—2项）
			表现任务1： 表现任务2： ……

评价标准：

（三）为"表现"而设计应注意的问题

1.重视单元教学设计，及时调整指导计划

无论是《义务教育课程标准实验教科书》，还是目前大多数学校都在使用的现行教材，都是按一定的编写意图分单元编排的，而我们的教学却从来都是按课时精心设计的，即便是语文学科，也只是按一课一课书来编写教案。对于"单元"，我们往往先只是了解总的内容，根本不重视，不进行单元教学设计；我们的单元教学设计是在复习时进行的，因为师生都面临着或单元，或期中，或期末等等的考试。而《表现学习设计》是按单元设计，其优点是教师对教材整体钻研，纲举目张，对单元中各知识点、技能、情感的目标统领在胸，整体而主动地把握教材，教学设计时能有机联系单元中各部分内容，统一调配教学精力，合理使用教学资源，恰当安排教学的时间、空间……提高教学效率。

2.单元教学设计和课时教学设计相辅相成

《基础教育课程改革纲要（试行）》指出：教师在教学过程中应与学生积极互动、共同发展，要处理好传授知识与培养能力的关系，注重培养学生的独立性和自主性，引导学生质疑、调查、条件、探究，在实践中学习，促进学生在教师指导下主动地、富有个性地学习。因此，教师不仅在教学前，要从学生的"学"出发，进行教学设计,更应在教学实施的过程中,根据学生的学情,不断地对于教学设计和教学时间等进行响应的调整。但由于教师,特别是小学教师,相对课时较多,管理任务较重,不断地重新编写教案,势必加重负担,且因时间急迫,未必能编写出有质量的教案。如果能将单元教学设计和课时教学设计结合起来,既有整体的单元教学设计,又有重点部分的课时设计,既能根据学情调整教学,又能突出重点,创设能引导学生主动参与的教育环境,激发学生的学习积极性,让学生真正成为学习的主人。

3.重视评价,突出表现

表现学习设计中的评价,是针对"表现任务"这一目标设计的,这不仅因为"表现"是它的特质,更因为表现是人的"需求",人人都需要表现,小学生更愿意表现自己。而以往的课程评价"过分强调甄别与选拔的功能",重知识,轻能力;重结果,轻过程,这样的评价,大部分学生总是处在"失败者"的位置,得不到"成功"的体验,对学习丧失信心,使评价完全失去了"促进学生发展"的积极功能。只有评价时充分注意学生在解决问题的过程中所采用的思路和方法,及时发现差异,对不同于常规的思路和方法,尤其要给予足够的重视和积极的评价,才能让学生通过师生、生生互评和自评学习过程中的"表现",对自身获得的学习结果、思考方法和生活方式、感觉的方式和心理变化等,有一个清晰的认识,获得自信,从而有效地促进学生的发展。

第六章　表现学习的行动研究

第一节　问题的提出

基于我们对表现学习的研究与认识，以此作为改进学校教育教学的指导理论，我们在富阳市富春三小开展了表现学习（学会表现）的行动研究。

一、课题的由来

富春三小从教师课堂教学调研中发现：学校教育存在许多问题，其中学生个性的扼制，个体生命意识的削弱，课堂无视人的存在，学生创新意识淡薄等已十分突出。传统课堂教学存在的弊端对当前教学依然影响很大，诸如：[①]崇尚书本，忽视实际；强调划一，忽视多样；重视讲授，忽视应用；不适当地强调教师的主导作用，忽视学生学习的主体作用，等。相应的，课堂教学以教师为中心，强调教师向学生传授知识，忽视学生获取知识的主体性。以教师为中心的传统课堂教学方式难以适应 21 世纪社会发展的需要。

学校为此提出了《城镇小学生创新人格培养研究》课题，并制定了课题研究的初步方案，拟定了培养小学生创新人格的教育行动计划。随后，我们作为教育专业研究人员参与富春三小的课题研究，与学校领导以及课题组骨干教师围绕课题开展了多次的讨论、交流，如课题的切入口、操作抓手，课题在同类研究中的特色与亮点，课题的组织实施等。与此同时，我国新一轮基础教育课程改革正在全面推行，它是新世纪中国基础教育的一场深刻变革，其根本目的是全面推进素质教育，创建适合新一代儿童自主发展、自主成长的教育环境。新课程改革引发了大家对教学以及学习基本问题的深入思考：

一是如何看待知识学习的问题。显然，新课改希望从过去的知识本位中解脱出来，但在新课程的开始阶段却出现远离知识教学，盲目追求能力目标与情意目标，结果课堂教学变得"热闹低效"的现象。其实新课改并不否定知识的作用，新课改教材编定的三原则之一就是"基础性"。没有基础就谈不上能力的发展，所谓的自主学习和合作学习便都成了空谈，对基础知识都不了解的学生要解决艰深的

---

① 邓水荣主编.小学学科活动化教学理论与实践[M].中国三峡出版社,2000:2—5.

问题岂非痴人说梦？但一讲到知识教学，老师们又重操机械施教、填鸭式、"题海"战术等老套的教学方式。学生学习知识究竟怎样才算掌握？仅仅是让他们获得一个高分数吗？仅仅是让他们成为储存知识的"机器"吗？如果学生只会死读书，不知融会贯通，不会将学到的知识灵活运用，那么这样的知识学了又有何用？事实上，就传统的知识学习而言，我们一直重视的是学生内化信息量的多少，虽然学习需要内化，但光有内化是不够的，一种更为巩固的知识学习策略是通过展示应用即外化表现来促进理解。

二是如何看待学习主体的问题。学生是学习的主体，这个主体是一群不断向前发展和进步的人。当然，学生的发展不是整齐划一的挺进，这些主体本身就存在着差异，有的学生擅长动作，有的却以言语见长，有的习惯形象思维，有的却是抽象思维占优，所以主体通过教师的点拨和自身的努力向不同的方向和层次发展。但在实践过程中，学生的主体地位还没有很好地凸现出来，学生被教师看作是一个接受知识的对象，每天进行着统一的"教育洗礼"；学生的学习方式也更多地停留在被动听讲、死记硬背的状态中，即使有些学生能够主动地去阅读书本、学习新知，但自我意识还没有被很好地唤醒，还不能够对自己进行有效地调节和监控。而通过表现，可以激活个性的经验贮备，加深对新学习任务的理解，加速转化为实际的应用迁移，凸显个体主动参与的风采。只有这时，新课程标准所要求的"学生是学习和发展的主体"才有可能在真正意义上得以实现。

三是如何看待教师作用的问题。新课改主张弘扬学生的学习主体地位，但不等于教师放弃自己的责任，教师依然是课堂的核心，只不过这个核心不再是拿着一本教参让学生坐授笔录的人，而应该是一个指导者、帮助者、点拨者、促进者。然而就课改情况来看，在我们学校，教师还是占据着课堂的主要地位，讲解、叙述、传授知识等教学行为仍然充塞较多课堂时空，教师的指导、促进作用没有很好地显示出来。其实，应充分相信学生，只要给予机会，没有教不好的学生。要尽量设置课堂讨论、课堂抢答、交流辩论、模拟表演等形式多样的学习活动，有效刺激学生的课堂表现欲；要鼓励学生提出自己的疑问（尽管可能幼稚）、有价值的问题，或者有见地的答案、独特的见解等。

新课改所有问题的解决说到底是为了培养能自主生存、终身学习、和谐发展的人。要达成这样的目标，给学生表现的机会，让他们在表现中成长无疑是一种重要的教学理念与策略。苏霍姆林斯基认为，如果学生没有足够的时间表现自己，那么全面发展，发展素质、爱好、天赋才能，都只能是一句空话。

表现即创新，基于理论研究以及课题论证，我们认为，表现学习与儿童的天性有其一致性，能够促进学生创新精神与实践能力发展，能够促成个体独特表现与群体多样表现相得益彰。我们把"创新力"转换为"表现力"，意味着我们更多地要考虑如何将内在的素质转换为外在的行为。没有表现力，创新力将是空中楼阁；

同样,没有创新力,表现力则是无本之木。可以这么认为,强化了乐于表现的意愿与善于表现的能力,就自然折射出"学会创新"的内在意蕴(即创新意愿和创新能力),从而促进小学生创新人格的发展。

于是,我们确定了以"学会表现"作为小学生创新人格培养的切入口,并进一步调整课题研究内容,修改了课题研究方案。

二、表现学习的思考

学习是什么? 从学习活动层面分析:学习活动有些方面是外部的、可观察的,有些方面是内部的、不可观察的;有些方面是学习的过程,有些方面则是学习的结果。如果采用二维表征的方式,那么每一次学习活动,实际上都由四种成分构成(见图 6.1)[1]。因此,学习可以看成是一个结果与过程、外显与内隐相互依存、相互制约的完整事件。这也说明,学习不仅需要内化(这是我们一直强调的),同时也离不开外化(这是被我们忽视的),只有能够把学到的东西领会并能够运用(外显出来),才是真正积极有效的学习。

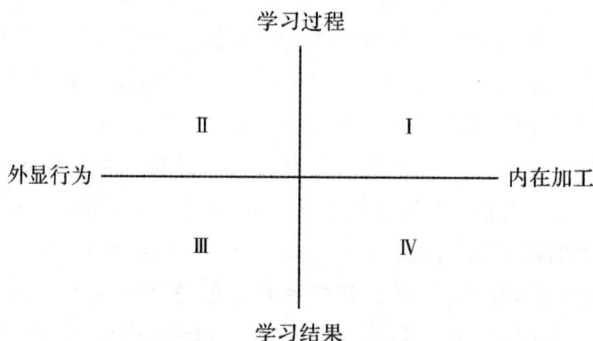

图 6.1 学习的四种要素互动关系

积极学习强调除非学习者与学习内容发生积极联系,否则不可能学到有用的东西,这一类学习参与包括了注意、对信息进行内部加工以及做出外显的反应。只有学习者对学习刺激给予注意时,才有可能处理信息和做出外显反应。这种反应可以是即时的外显反应,但更多的是先即时内部心理加工,然后再外显反应。学生在积极的学习过程中,思维得到操练,心智得到开启,新颖独特的创意不断产生。而新颖独特的创意只有外显反应时才能被教师、同学或其他人,也包括表现者本人,清晰具体地感受到,直观形象地观察到,并对表现做出客观评价。

从上述分析来看,这种基于内化与"外显"相结合的表现学习对学生创新人格

---

[1] 盛群力等编著.教学设计[M].北京:高等教育出版社,2005:8—9.

的发展具有重要意义。在表现学习中,学生自己可以提出问题、设计表现任务,决定学习内容,发动学习动机;一个善于进行表现学习的学生能对自己的学习和表现负责,有能力为自己设定真实的、富有挑战性的目标和任务,能运用多种类型的知识,还能运用自身或小组的能力创建一个表现计划,挑选实施这一计划的方法并对表现过程实行监控,从而能更好地促进自己实现自我,超越自我。表现学习是一种积极的学习方式,它强调以学生的表现为中心,让学生在民主、和谐、宽松的氛围中活动、学习、探究,让学生无拘无束、畅所欲言,让学生爱表现的天性得到充分的展示;是以"表现"为核心的一种重视"以人为本、外显品质、凸显能力、重在体验、行动中学"的学习方式,它能推动教学方式的改革与创新。

表现学习与自主学习、合作学习、探究学习有密切的关系。新课改提出要重视"自主、合作、探究"的学习,从它们的内涵和操作策略来看,自主学习强调个体学习的独立性,重视学生的自我监控、自我指导、自我强化、自我展示;合作学习强调团体协作、群体互助,在小组交流与沟通的过程中体现集体的智慧和美;探究学习则以提出问题和解决问题为特征,重视学生在实际的动手动脑过程中获取知识、锻炼技能、提高素质。它们与表现学习互相融会,相辅相成。表现学习既包含了自主、合作、探究的成分,同时又具有很强的操作性,无疑值得探索与尝试。"人的充分表现,既是社会的幸福,也是个人的幸福。和谐的教育,就是发现深藏在每个人内心的财富,使他在天赋所及的一切领域中最充分地表现自己。"[1]"表现学习"符合学生爱表现的天性,通过实践能够使他们在学习成长的过程中以外养内、内外兼修,促进他们的学识、能力与才华获得最充分地发展!

课题确立后,我们融合新课程理念,以课堂表现学习为核心,以表现性活动(包括校园活动、社会实践活动和家庭教育)为载体全方位开展"表现学习"的实践探索。

第二节 研究的构想

一、研究设想

表现学习是发展小学生创新人格的重要现实途径。表现的意愿和表现的能力是表现学习的基本特征。课堂学习和课外、班队活动是学生表现的主要天地。创设心理安全的表现环境,担负起引导促进的角色,是教师的主要职责。

情知一体、内外转化是表现学习的基本策略。责任自主、协作分享是表现学习的重要保障。

既能善待自我,又能欣赏别人,这是表现学习的中介桥梁。

---

[1] 苏霍姆林斯基.给教师的建议(上)[M].教育科学出版社,15—16.

表现学习要达到每个学生人格(个性)的多样化,同时又能促进群体共同发展的目的。

行动措施主要有"创设环境"、"选择策略"和"提供保障"。"创设环境"主要是指给学生有心理安全、心理自由的表现氛围,同时教师主要承担起促进引导学生的自主表现的策略。"选择策略"是指采取多种情知一体、内外转化的措施保证在课内外的表现落到实处。"提供保障"是指表现的责任在每一个学生个体或群体自身,倡导责任到人,自主表现,同时也强调彼此协作分享表现的过程与结果。

同时,引导学生"善待自我与欣赏别人"也是行动研究过程中十分重要的操作策略。善于表现、乐于表现、向往表现的人应该能够很好地体现出知己知人、利己利人的特征。

行动研究的结果是学生"个体多样表现与群体共同发展的统一"。这既做到了学会表现,又推动了创新人格的发展。

由于本行动研究课题采取的是校内开放性综合研究,我们侧重于行动措施系统地介入,适当评估、检测我们预期的行动结果。在控制无关变量方面,侧重于控制学生及教师负担总量和时间总量。但鉴于本研究的开放性与综合性研究的伦理道德性,很难控制行动措施以及鼓励学生积极表现等策略在非研究班中的扩散(这种研究过程中的扩散与传播实际上也是我们所期望与鼓励的)。

二、研究目标

(一)发展学生创新精神与实践能力

表现学习以个体多样化表现与全体共同发展相统一为基本宗旨,服务于以培养学生创新精神和实践能力为重点的素质教育。

(二)建构一种新的学与教模式

新课程的教学需要一系列新的学习策略的支持,为此,需要积极开展理论与实践研究。表现学习的研究旨在为新课程实施建构一种新的学与教模式。

(三)丰富课堂教学理论与实践体系

在行动研究的基础上,汲取国外最新有关研究成果的精神,进一步丰富与完善切合我国中小学教育教学实际的表现学习与教学理论与实践,丰富与发展我国教学理论与实践体系。

三、研究内容

(一)构建表现学习的理念

我们拟从学习和培训入手,遵循课题内涵,促使教师角色重新定位,促使教师的行为趋向与"表现学习"相适应。

(二)探索表现学习的结构及策略

这是本课题将着力研究的重心之一。我们试图努力改变传统的以知识传递为中心的课堂教学结构(即组织教学—检查复习—讲授新教材—巩固新教材—布置课外作业),构建以倡导表现(指导表现过程、聚焦表现难点、强化表现深度、共享表现结果、反思表现得失)为核心的课堂结构。

(三)拓展表现学习的时空

拟从校内和校外两条途径入手,校内主抓校园文化建设,以主题班会、才艺汇演、作品展示为主流,同时有针对性地发挥少儿艺术学校的传统优势;校外依托家长学校,主抓社区服务、社会考察、家庭表现等,拓宽学生表现的时空,提供学生表现的机会与场所,引导并逐渐形成人人愿表现、爱表现、敢表现、会表现的舆论和气氛,潜移默化地积极影响学生表现力的发展。

(四)研究表现学习的评价

结合新课程评价理念,依据本课题的特点,选择合适的评价方式,并促使评价功能进行转换,着重使评价指向学生的表现,指向提升学生的表现意愿和表现能力。

第三节 研究的过程

一、操作原则

原则是活动、行为等的指导思想、基本准则。原则是从有效的组织活动过程的规律中引申出来的对活动过程的根本要求。执行这些要求就保证活动过程具有必要的效率。小学生创新人格发展行动研究所应遵循的操作原则主要有:

(一)自主性原则

在实践过程中,我们充分体现"以人为本"的思想,发挥人的主观能动性。一是学生的表现是自主的,学习内容的选择、学习目标的确定、相关材料的搜集、信息的加工处理、表现方式的选择以及表现效果的评价等基本上由学生自己作出相应的调适,教师只是提供建设性意见。二是教师的研究活动也是自主的,研究内容的选择、研究进程的控制、研究伙伴的组合、研究成效的总结等都由教师自行负责,课题组仅组织定期例会,交流大家的实践经验,提供课题理论指导等。

(二)行动性原则

课题研究与课堂教学、学校活动同步进行,以解决学校的实际问题为宗旨,以教师的行动研究方式为主,在动态的学习生活中实施干预,总结经验,获得发展。它是一个自主探索、不断调整、注重实践、强化实效的过程。课题研究相对灵活,以实际碰到的教育情境为准,对课题研究方向、研究策略,甚至研究内容不断做出调整。

(三)合作性原则

主要是指人人参与、互助互惠的研究氛围。体现在课题组成员间的合作、课题组成员与教师的合作、教师与教师的合作、教师的教与学生的学之间的合作等。

二、操作策略

(一)专家指导与教师实践相结合

这是课题研究进程中的一个重要特色。专家指导主要是："表现学习"课题内涵的阐述；理论架构；课题相关培训组织；课题资料的积累分析等。教师实践则主要是：课题的具体实施；表现活动的组织设计；学生个案追踪调查等。两者的融合通过具体的讲座、报告、研究课、教师论坛、经验交流、专家对话、信息汇编等途径达成。专家与教师的结合可以使教师的实践、课题的实施及时得到专家的点拨，而专家也可以通过教师的实践来研究自身的理论问题，两者间的张力促使他们走到一起。

在行动研究中，专家与教师的融合不是教师围着专家转，教师是主要的研究者和实践者。这种结合是以教师为中心的，不仅仅是交流信息，更重要的是互动中讨论问题，提高认识，明确方向，是专家和教师"双赢"的过程。

(二)全员参与与重点突破相结合

由于课题在全校展开，涉及的内容多，范围广，使得全体教师必须参与课题研究，每一位教师做到领会课题精神，设计的教学活动应能促进学生表现学习。同时，组建以学校领导、教研组长、优秀教师、教育专家为主体的课题组，对课题的主要内容进行重点研究，特别是若干子课题的研究任务都由课题组成员担当。这种方式使"表现学习"课题研究既有普遍性的经验成果，又有重要项目上的突出价值。

(三)自主探究与及时反思相结合

"表现学习"课题研究注重挖掘教师本身的潜力，原则上依靠教师的主动摸索，如课题内涵和规律的理解，学生表现学习途径的开拓，促进学生表现学习策略的提炼等，都在教师自主探究中进行。而且，仅仅自主探究还不够，还要及时反思。反思探究过程中的得失，反思学生表现活动的质量，反思自身教学行为的优劣等。我们要求教师写教学日记，课后反思，组织教师定期交流，开展教师论坛等，为自主探究和及时反思的有效结合提供平台。

三、主要环节

(一)专家指导

课题确定后，从方案到实施有一个准备的过程，这个过程离不开专家指导。首先是专家指导教师解读方案，理解"表现学习"的内涵和实质，认识倡导学会表现的现实意义。其次是对教师进行现代教育教学理论和新课程理念的培训，转变教师的教学观念。另外,专家还指导教师如何在自己的教学实践中开展本课题的研究,从设计课例、写课后反思、个案追踪、选择研究内容、收集资料、经验总结等方面进行具体交流,为课题的有效实施奠定基础。

(二)教师实践

教师实践主要是两个方面:表现活动的开展、课堂教学研究,其中课堂教学研究是重点。

关于表现活动的开展,主要是三个层面的内容:一是在全体老师组织下的班内表现活动的组织与设计,包括主题班会、故事演讲、智力竞赛、手工制作、书画表演等;二是学校各部门组织的专项表现活动,大型的如才艺节、读书节、科技节,小规模的"三苑三中心"活动,即畅想画苑、金苹果科学苑、妙笔书苑、校园吉尼斯中心、雏鹰社会考察中心、七彩演艺中心;三是由少先队组织的社区服务、社会实践和家庭表现活动,教师着力做好配合工作。

关于课堂教学,主要是设计表现性教学方案,在各门学科中探索促进学生表现的策略。我们采用课题研究课的形式,通过观摩一些课题组成员的课,大家讨论学习,然后推进教师的实践。

(三)总结反思

在行动中,我们倡导边行动、边反思、边总结。特别是从开始到课题进入前期结题阶段,我们通过表现性教案设计活动、课堂教学比赛、论文评比等活动组织全体教师进行反思,对一系列优秀的经验和体会用文字予以体现,特别是承担子课题的成员要从零碎的工作中总结出规律。

第四节　研究措施与行动

一、转变观念,课堂实践表现学习

成功的教育教学改革,首先要能够促进教师观念的改变,因为教师是教育教学改革成功的关键性因素,教师的知识观、学生观、课程观、教学交往观等直接影响其教学行为与效益、影响学生的学习与表现。

课堂是推进学生表现学习的主要阵地,以表现为主的课堂学习不同于传统的课堂学习:表现学习强调以学生的表现为中心,让学生成为信息的加工者、意义的建构者,表现学习的合作者、分享者,并且要对表现作出自我评判和反思。

我们提出表现学习以问题为中心,由获取有关的信息、释义所获取的信息、生成新信息的外化模型(表现的内容)、以适当的方式表现生成的内容、评价表现的结果包括反思表现的得失这几个环节构成一个表现学习结构圈。课堂实践的核心内容是:确定核心问题—拟定表现性目标—核心问题任务分解,形成任务序列—任务评价标准设计—主题表现活动设计—学科实施策略探讨—反思与改进一表现学习评估。

(一)确定核心问题

核心问题即基本问题、中心问题，是单位时间内的学习中心。如果学习过程中缺少核心问题或者没有核心问题的解决，犹如大海中迷失方向的船只，很难到达胜利的彼岸。核心问题的确定要依据课标、教学内容和学生实际；确定学科的核心问题时，不同学科、不同学习内容体现出不同的策略，比如说语文学科的核心问题可以用课题、文眼、中心句、中心词来充当，而数学的核心问题则一般是最关键的知识点或者是与生活结合的一些数学问题等。

1.核心问题要有统整性

核心问题是"牵一发而动全身"的问题，因此它要能体现关键技能、核心知识、情感态度，表现任务，以及教学的重点、难点等，即使师生着力探究的是一系列问题，这些问题也是围绕着它而展开的，所以，核心问题具有统整性，统整教学目标、统整教学任务、统整教学策略；而且核心问题宜少不宜多，一个课时里以 1—2 个为宜。

如何找出这个统率全局的问题？可以采取自诘法（自己提问自己）、实践调整法或集体讨论法进行确定。这是一个深思熟虑的过程，也是渐进的过程。如孙老师在确定《食物包装上的信息》一课的核心问题时，三易其稿，才找到一个较为合适的问题。

《食物包装上的信息》包括两大块内容：了解包装袋上的所有信息并对保质期进行重点研讨，对饼干配料的名称和作用进行探讨。应该说，内容比较多，它至少包括了解食物包装上的信息、寻找不同食品的生产日期和保质期、对食物的保质期进行辨别和讨论、对饼干配料的名称和作用进行探讨等，怎样把这些内容整合起来？第一次设计时我觉得这都是食物包装上的信息，保质期、配料无非是比较重要的信息，那么核心问题可以是"观察、了解食物包装上的信息"。围绕着这个问题我设计的活动是统一观察牛奶盒上的信息、观察自带食物包装上的信息、寻找不同食品的生产日期和保质期并进行讨论，教学实践中我觉得每一个活动好像各自独立，教学松散缺乏凝聚力。显然，这个核心问题太宽泛了些，食物包装上有许多信息，如果对所有信息平均用力，那么课堂就显得拖沓、累赘，缺乏生气。食物包装上最重要的信息是生产日期和保质期，能不能把主要的时间和精力放在这里呢？第二次教学时，我将核心问题修改为"研讨食物的生产日期和保质期"，教学活动设计为观察牛奶盒上的信息、寻找四种不同食品的生产日期和保质期、对食物的保质期进行辨别和讨论。应该说，教学的重心明确了，但是不能包容所有的内容，对其他信息及饼干配料的了解显得比较仓促。其实还有许多信息学生都是需要了解的，比如商标、条形码、拉口等，了解这些信息有助于学生更好地选用食物。所以第三次教学时,我对核心问题进一步改进为"研讨保质期与食物的关系及保质期的影响因素",教学活动设计为尝饼干引出保质期的重要性、寻找四种不同食品的生产日期和保质期、对食物的保质期进行辨别和讨论、列出包装上的所有信息并找出影响保质期的主要因素。这样,教学始终围绕保质期的研讨而展开,既抓住了学习重点,又包容了所要学习的一系列问题。[①]

一节好课是有中心的,这个中心就是一个全局性的问题,一个能引领活动展开、知识学习和问题解决的问题。

2.核心问题要反映学科特点

学生是通过具体的学科学习获得发展的,因此作为学习指向的核心问题也要体现学科特色,如果核心问题游离于学科之外,那么学生的发展会迷失方向、脉络不清。由于受习惯思维的影响,特别是碰到一些难以辨别的材料时,老师们在确定核心问题时就会出现偏离现象,所以一定要多加锤炼。

例如二年级语文学习材料《三个儿子》,主要内容是:三个妈妈向老爷爷夸奖自己的儿子,第一个说自己的儿子歌唱得好,第二个说自己的儿子跟头翻得好,第三个什么也没说,但当妈妈们提水时,只有第三个儿子跑上来帮妈妈,所以老爷爷说,我只看到一个儿子。显然,通过这个材料的学习是想让学生懂得要孝顺妈妈,孝敬长辈,要达成这个目的,只要展开中心句"为什么老爷爷说只看到一个儿子"就可以了。但是,如果以这个中心句作为核心问题,怎么看都觉得有些不妥,原因是这个问题更接近思想教育,体现不出语文学科的特点。要完成这个核心问题,操作也很简单,只要让学生明了第三个儿子能主动帮助妈妈提水,是个孝顺的孩子,而其他两个只顾自己玩乐,不够孝顺。这样一来,似乎连教学活动也变味了,思想教育的成分太多,语文教育的成分缺少。在多次的争论中,我们将核心问题修改为"通过阅读对话、神情感悟三个儿子的品质",虽然最终还是会让学生懂得孝顺妈妈的道理,但这个道理是从对话朗读、神态词语的分析中获得的,学习过程就充分体现出语文的特点。

3.核心问题应基于儿童的实际经验

萨其曼曾指出"适合探究的问题必须是一个需要学生进行解释并且能够为学

---

① 本研究中有关案例均引自课题组教师所撰写的课题总结报告.内部资料.2005.

生所解释的问题"，①这就是说提出的核心问题不能脱离儿童的现有经验和知识水平。任何人总是基于生活经验形成了许多有助于适应环境的知识，这种"知识"就是他的"既知"。孩子正是拥有这种"既知"和"现有经验"走进表现性课堂的，而且他们相信自己的"既知"和"现有经验"是"正确"的。因此，在提出核心问题时应该充分考虑这些实际情况。

"基于儿童经验"至少包括两层意思：一是问题从孩子的经验中来。孩子是带着或多或少的经验参与学习的，核心问题最好由他们在活动中遇到不解和矛盾时自己提出来（即他们发现自己的现有经验与新学习的内容产生矛盾，现有经验已不能解释新的情况），教师过多的干预、包办代替容易忽视甚至远离孩子的现有经验。二是提出的问题应是依靠孩子的经验可以解决的。问题的难易程度应符合维果茨基的"最近发展区"原则，要让孩子通过一定的努力可以达到；如果孩子利用现有经验无法解决，则问题过难，这样的问题再好也不能发挥出所具有的价值。

如《奇妙的指纹》一课，教材的重点是观察指纹、描述指纹的特点，在教学时我们却发现，观察指纹、描述指纹的前提——拓印指纹的技术孩子还没有掌握，他们还不能想出多种方法来拓印指纹，还不能用印泥拓印出一个个清晰的指纹。而且，就拓印和观察、描述而言，孩子更感兴趣的是拓印活动。根据孩子的实际，我们将这节课的核心问题调整为"能用印泥拓印清晰的指纹并予以观察描述"。

核心问题的确立实际上预示了一系列学习活动的发展方向，从上述例子来看，在实践中充分考察孩子的学习经验和学习状况是十分重要的。

（二）拟定表现性目标

表现性目标是基于学生业绩表现的学习目标，是通过表现学习方式达成的外显行为目标。明确的表现性目标有助于师生更好地展开表现学习活动。

1.表现性目标来源于课程目标

新课程三维目标是学生通过学习必须要达到的目标，而表现性目标则是通过表现可以达成的三维目标，是三维目标的较高层级。表现性目标包括核心知识、关键技能、情意态度三个领域，这三项相当于"新课程标准"中"知识和技能、过程和方法、情感态度和价值观三个维度"的课程目标，是与三维目标一致的（见图6.2）。开展"表现学习"的研究和探索，其根本宗旨就是为了使学生学习的主动性更好地得到体现，培养学生学习的自主性。通过表现学习，可以自然、和谐地激发学生的学习情感，实现知识和能力、过程和方法的结合，寓价值观于教学之中，促

---

① 靳玉乐主编.探究教学的学习与辅导［M］.北京中国人事出版社,2002:66.

成新课程标准所倡导的"三维目标"的实现。

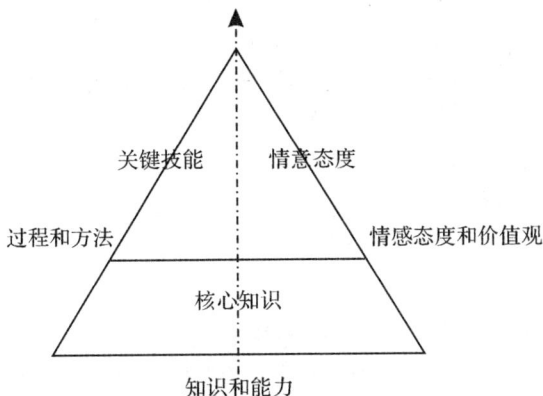

图 6.2　表现性目标与新课程三维目标的关系

2.从核心问题入手拟定表现性目标

表现性目标的确定要依据课程目标、核心问题及学生实际等方面的要求,但因为核心问题实际上已经统整了学生的基础和课标的要求,因此制定表现性目标更直接的方式是从核心问题入手,切实分析出解决核心问题的过程中必须达到的三维目标要求。

如语文老师在教学"蚂蚁、蚯蚓、蝴蝶、蜻蜓、蝌蚪、蜘蛛"等生字时,确定的核心问题是"认识带'虫'字旁的字,初步体会汉字的形声规律"。分析这个核心问题不难发现,认识这些生字是一个重要任务,这些字组成的动物是学生比较熟悉的,学生刚刚接触汉字形声规律,所以姜老师制定的表现性目标是:核心知识——交流夏日里一些小动物活动的常识;运用归类的方法,认识带有"虫"的生字,初步感悟汉字的形声规律。关键技能——借助拼音读准字音、读通诗句;运用形声规律识记字形的能力;小组合作学习;在全班同学面前介绍的能力。情意态度——好奇心,求知欲;乐于合作,善于发现。

3.表现性目标要突出行为表现的特点

表现性目标区别于新课程三维目标的最大特点就在于它是一种需要通过外显表现才可以达成的目标,因此这种目标是具有行动性和操作性特点。在制定这种目标的时候,我们需要考虑:哪些目标是可以通过表现来达到的? 通过怎样的表现手段来达成这些目标? 怎样用词语来描述目标? 总之,表现性目标的制定要准确,阐述要合理。下表是我们实践过的若干学科表现性目标。

表 6.1　学科表现性目标列举

语文:詹天佑
①通过具体事例体会詹天佑是杰出的爱国工程师。
②在感情朗读、画图、演示、仿写颁奖词等活动中体会詹天佑的杰出和爱国。
③激发学生爱国、立志为祖国作贡献的情感。

数学:平行线的认识
①给平行线下定义,理解平行线的特征。
②开展对平行线定义的探究实践活动。
③意识到建立一个数学概念并非简单,需要严密的论证、改进的过程。

科学:夜间计时器
①知道蜡烛钟的制作过程。
②制定"计时 5 分钟的蜡烛钟"的方案,制作蜡烛钟。
③培养学生持之以恒、为获得一个精确实验结果不断进行研究的意志品质。

品德与社会:请到这里来作客
①了解西藏、内蒙古、新疆的风土人情。
②交流信息,积极参与民族礼仪活动和歌舞表演。
③少数民族自治区是中国不可分割的一部分,各民族同胞应团结一心,共建美好家园。

音乐:小乌鸦爱妈妈
①不同结尾乐句的音准。
②唱准歌曲并深情地表演歌曲《小乌鸦爱妈妈》。
③培养学生互相合作、积极表现的能力。

体育:快乐的小猴
①知道前滚翻的基本动作要领
②在小组合作中学习前滚翻。
③积极融入情景,乐于参与各种体育活动,把滚翻与生活中的自我保护联系起来。

美术:手
①创作出富有个性的"手"的立体彩绘作品。
②在合作中进行创作、表演与展示,体验探究的愉悦与成功感。
③培养小组合作的态度和能力,学习大胆地发表感受和感悟。

英语:Let us eat Part B
①学习句式"I like …Here you are,OK,Have some …Thank you . You are welcome"。
②用所学的英语句子在特定情境中与人交流。
③与人合作,善于交流。

信息技术:添加图片不费力
①熟练地在文档中插入图片并对图片进行适当地编辑。
②自主探索,合作互助,动手操作。
③体验学习计算机的乐趣,培养爱护和美化环境的良好情感。

心理健康活动课:快乐之旅
①给自己制造快乐,并善于把快乐传播给别人。
②在活动中换个角度看问题,不断调整快乐情绪。
③拥有积极健康快乐的心理状态。

综合实践活动:装扮蓝色的地球
①知道垃圾分类、绿藻危害、酸雨、牛皮癣、废气污染、噪音污染等知识。
②开展环保探究实践活动,学会整理资料,并能用不同的方式呈现研究所得。
③在活动中提高环保的敏感性,树立环保意识。

(三)形成任务序列

核心问题具有高屋建瓴的作用,但一般来说,它并不是一个可以直接解决或回答的问题,它的解决依赖于支撑它的一系列小问题。所以,要对核心问题进行分解,形成以它为中心的可操作问题序列,通过解答序列问题最终解决核心问题。

1.以多种方式分解核心问题,形成任务序列

教师要指导学生从核心问题出发尽量多的从各个方向提出问题。生成的序列问题可以是并列性的(见图6.3),也可以是递进式的(见图6.4),甚至是两者综合(见图6.5)。如研究蜗牛时,"蜗牛身体的研究"和"蜗牛壳的研究"是两个并列性的问题,研究蜗牛壳时则提出"各种蜗牛壳的形状比较"、"怎样测量壳的大小"、"壳上的螺线是怎样展开的"、"怎样数出螺线展开的圈数"等递进性问题,这样的问题序列就是核心问题的综合分解。

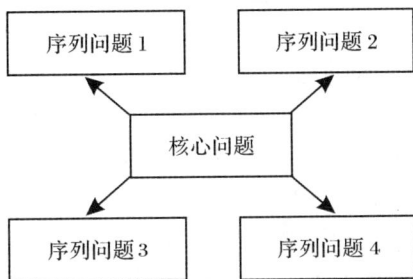

图 6.3　核心问题并列分解　　　　图 6.4　核心问题递进分解

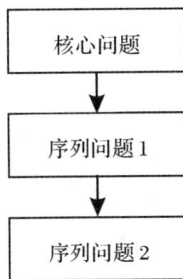

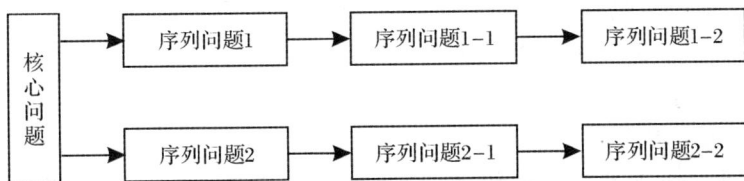

图 6.5　核心问题的分解

2.鼓励学生提出问题

要让学生参与核心问题的分解,注重培养学生质疑问难的习惯,让学生好奇地问,批判地读,自由地想,舒畅地说,让他们因怀疑而思考,因思考而提问。

如孙老师教学《布衣元帅》时让学生在预习的基础上提问题,学生提出的问题有:(1)"布衣"什么意思?(2)什么叫"功高盖世",徐帅有什么功劳?(3)一位立下赫赫战功的元帅,在家里铺块地毯,谁也不会说过分,为什么他执意要秘书把地毯送到招待所去呢?(4)新娘去看望徐帅时,"怎么也没想到,这样一个蓝布旧衣的老人,竟是元帅",那么,新娘想

象中的徐帅是怎样的呢?明白以后,新娘心里是怎么想的?(5)徐帅听说二女儿分到了一间20平方米的房子,为什么要对她"审问"?"审问"两字为什么加引号?(6)课文中3个小故事既独立,又完整,为什么文章开头还要加上一小节,能不能不要?等等。这些问题有的是字词理解,有的是课文内容,还有的是篇章结构,但都能说明徐向前元帅朴实无华的本色。

3.创设真实的问题情境

表现学习活动的推进是与序列问题的解决紧密相关的,可以说,表现学习的课堂是一个不断解决问题的课堂。因此,教师要善于创设真实的问题情境,从学生的实际生活世界和已有经验出发,打开他们的思维,使他们产生和提出一系列问题。对此,商静儿老师在数学教学中有一段精彩的诠释。

"老师,我有不同想法"

我出示了最后一道题:买一双球鞋要8元,_____。买一双皮鞋要多少元?(浙江省小学数学义务教材第四册P26)

题目一出,大家就开始七嘴八舌地讨论起来,而我也参加了进去。不到半分钟,几十只小手纷纷举起,已经有人急不可待地想发言了。我假装没有看到,边继续蜻蜓点水般地穿梭于学生之中,边对孩子们说:"请把答案写在本子上,咱们来比一比,看谁最动脑筋,补出的条件最多。"话音刚落,孩子们立刻动手了。几分钟后,讨论开始。

生1:皮鞋比球鞋贵50元。

师:怎么样?

(大家齐声说对。)

生2:皮鞋比球鞋贵92元。

师:有不同的吗?

生3:皮鞋的价钱是球鞋的7倍。

(教室里响起了掌声。)

生4:比皮鞋便宜48元。

("可以",大家一致通过。)

生5:比皮鞋便宜5元。

(此话一出,顿时教室里像炸开了锅,同学们有的说对,有的说错,议论纷纷。我满心欢喜,知道好戏开场了。)

师(假装一脸困惑):怎么了,有不同意见,能说说各自的理由吗?

生6(马上站起来):我认为"生5"是对的,球鞋比皮鞋便宜5元,所

以求皮鞋要多少元就是用加法计算,8+5＝13

生7(来不及站起来,坐着大声反对):哪有这样便宜的皮鞋?要有也肯定是假冒产品。

生8(很激动地叫道):同意,便宜没好货!

("对,对,对",很多人大声应和着,似乎大家都同意了。)

师:还有想说的吗?

生6(很自信地站起来):他们说的有道理,但我还是认为这句话是对的,符合题目要求。但要符合实际,只要把"5"改掉好了。

师:我也这么想,那你认为把"5"改成"几"比较好?

生6:"42"。

生9:老师,我觉得起码得"25","200"也可以,"1000"也可以,我爸爸的老人头皮鞋就要一千多。

(教室里又一次响起掌声。正当我在为学生的表现欣喜时,一学生又说话了。)

生10:老师,我还有不同想法。我觉得题中球鞋的价钱"8元"本身就不是很符合实际,我们可以把它改成"28元",这样刚才的问题不就解决了。

(话音刚落,教室里就响起了雷鸣般的掌声。)

4.拥有"一问到底"的时空

核心问题如果由学生来分解,那么要看具体的教学内容和教学情况了,有时核心问题的分解并不是在一开始就能完成的,因此要留给学生充足的提问时空,使提问始终伴随学生的学习活动。

课始,留给学生对新知识质疑的时空。使学生从一上课就明确表现任务,并知道核心问题是通过解决一个个小问题来达成的。课中,留给学生对知识、方法质疑的时空。不同的学生个体在课堂上获取知识的方法会有所不同,让学生互相交流、讨论、质疑,产生思维碰撞,闪现创造的火花。课尾,留给学生在总结中反思的时空。培养学生对自己探索研究得出的结果进行反思的习惯,提高学生的自我评价水平,使对问题的研究或解决朝着更加合理的方向迈进。

当然,提问的过程中最好有一个民主、和谐、充分交流、平等"对话"的氛围,学生没有顾虑,尽情发挥,想到什么说什么。在这样一种问题情境中,学生与老师"视界融合"、"零距离"接触,会展现出个性的自我、思考的自我。

(四)制订评价标准

形成问题序列(即任务序列)后,同时要提出明确完成表现任务的准则(评价标准)。任务准则是评价学习过程中表现任务完成的质量的,也是学生应该达到的学习目标(知识技能、过程与方法、情感态度与价值观),对学生完成表现任务有具体导向作用。学生在完成表现任务之前或进行学习之前,就知道了评估的要求。传统的学习过程中学生可能不知道教师的评估标准,仅知道自己的分数或等第,这是表现学习与传统学习不同的地方。

　　1.制定任务评价标准的依据

　　实践中我们认为,任务评价标准制定的依据主要有四个:一是基于表现性目标,任务评价标准实质上是表现性目标的具体化,因此它要从核心知识、关键技能、情意态度三个维度去分析,抓住重要的方面设计评价准则,评价信息的最终获得可以判断表现性目标的实现情况。二是对主要任务进行评价设计,一个课时里展示的任务很多,我们不可能对所有的任务都进行评价标准设计,而且也不一定很有需要,但这些任务必定有主要和次要之分,一般来说,主要任务和表现性目标的关联性强,因此原则上我们可以通过评价主要任务的完成情况来检测目标的达成效果。三是任务评价标准具有层级性,因为每个学生的情况不同,他们完成表现任务的程度也不一样,我们把评价指标按优秀、良好、一般的层次进行分解,使每一个学生都能评判自己完成任务的水平。四是评价形式灵活多样,可以将评价放在课内完成,也可以通过检查课外的作业、操作、实践情况来完成;可以由教师来操作,也可以由学生甚至家长来操作。以下,我们通过若干学科的评价标准来具体说明上述四个要点(见表6.2)

表6.2　学科任务评价标准示例

语文:詹天佑

1.画图、解说两种开凿隧道的方法,演示"人"字形线路①画出清晰的示意图,并作流利的解说,正确演示"人"字形线路。②基本上能画出粗糙的示意图,能作简单讲解。③需要老师、同学帮助完成学习任务。

2.仿写颁奖词:①语言精练、清晰,文笔优美,有一定的特色。②引用文中或资料上部分语句,语句通顺。

数学:平行线的认识

1.给6组直线分类:①非常有理有据②不太肯定③需要他人帮助。

2.找生活中的平行线:①能找出3种以上②只有一种③不能找出。

3.给平行线下定义:①非常准确②不够完整③需要他人帮助。

科学:夜间计时器

1.完成计时5分钟的蜡烛钟:①计时准确②比较准确③完成但计时不准。

2.蜡烛钟制作方案:①能单独制定完整的计划②比较完整③需要他人帮助。

3.对蜡烛钟的不准确情况作出解释:①能做出3种以上解释②只有一种③不能做出解释。

品德与社会:请到这里来作客

1.知道三个自治区的地理位置:①准确地说出②基本能说出③听别人说后,能说出。

2.体验藏民待客之道:①准确接受哈达、青稞酒及酥油茶②比较准确接受哈达、青稞酒及酥油茶③只能完成其中一个。

2.设计表现任务评价单

表现任务评价单是评价的工具,它体现了一个课时或一个课题比较完整的任务评价标准设计,可以引导学生独立地学习,促使他们注意自己的学习质量,也能使教师更一致地和公正地评估和评定学生学习的等级,甚至使家长也能检测出小孩在学校学习的情况。但不同的年段、不同的学科设计评价单时会有不同的样式,具体参见《表现学习的结构框架》部分。

(五)设计主题表现活动

活动是学习的载体,也是整合知识与技能、过程与方法、情感态度价值观这个三维目标最有效的载体。儿童的学习实际上是在经历一个个活动中完成的,离开了活动,学生便无法通过合适的渠道施展他特有的表现力。活动有内隐和外显之分,这两类活动对儿童的学习都有促进作用。在表现学习中,我们更关注地是外显活动即表现活动的设计和展开。

表现活动一般由教师在备课时预先设计好,也可在教学过程中,在学生的参与下,特别是在考虑学生意愿及擅长的前提下,师生共同生成与设计表现活动。表现活动还要注意在完成的过程中突出个人和团队作用的有机结合。表现活动小到几分钟,大到课内外向同学完整展示项目结果或产品。当表现性活动淋漓尽致地展开时,表现性课堂也就出现了。

1.表现活动的设计要与问题的解决结合

表现活动是完成表现任务(序列问题)的具体过程,是一个带有情景性的活动。一般来说,每一个序列问题的解决都蕴涵在一个表现活动中,当然,两者并不完全对应,有时一个表现活动可以涵盖几个序列问题,有时则需要几个表现活动才能完整解决一个序列问题。就核心问题、序列问题与表现活动的一般关系而言,可以通过下图来表示(见图6.6)。

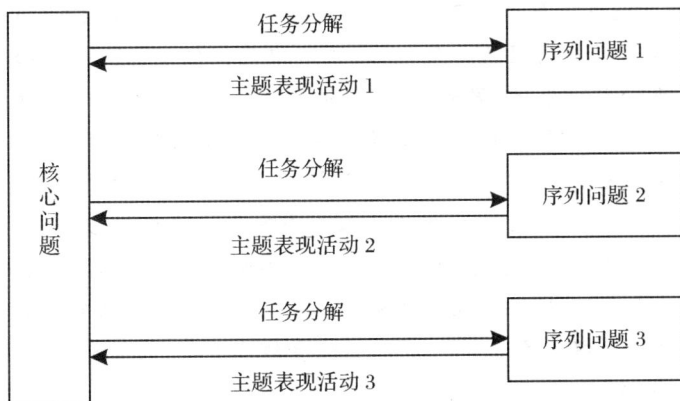

图6.6　基于问题的主题表现活动设计

如果表现活动脱离问题而存在,那么只是一种形式上的表现,会缺少具体实在的意义。比如姜老师在品德与社会《请到这里来作客》中安排了一个学跳新疆舞的表现活动——小主人跳上一段新疆舞,然后教授移颈、快速旋转等新疆舞基本动作,学生参与的气氛很热烈,表现的劲头很高。但这个活动点到即止,姜老师没有带领学生深入下去,学生虽然喜欢跳舞,可这个活动的主旨即所针对的问题是让学生感受新疆维吾尔族人的民俗风情,而不是如音乐课上的掌握新疆舞的动作。

2.表现活动的设计力求精彩有趣

因为精彩、典型的活动容易激起学生的表现兴趣,学生愿意在活动中表达自己的观点与发现,愿意通过自己的行动来解释提出的问题。

例如孙老师在科学课《空气是否可以被压缩》中设计了四个有趣的表现活动:①猜测大海绵是否可以压入小瓶子,理解什么是压缩。②把塑料袋设计成娃娃脸,捉住空气成为空气娃娃,用一个手指挤压"娃娃",初步探究空气可以被压缩,压缩空气有弹性。③玩针筒,进一步验证空气可以被压缩,压缩空气有弹性。④还能用其他办法证明空气的这一特性吗?请在纸上进行设计,可以画,还可以配上文字说明。优秀设计予以展示。

设计精彩的表现活动需要教师投入更多的思考和精力,要充分考虑学生的兴趣,考虑活动的出彩点,孜孜不倦地进行锤炼。

比如李老师在语文《比金钱更重要》中设计的活动既是学生感兴趣的,又能够很好地与文章主题结合在一起:①做做小交警,创设当小交警的情境,让学生结合已有经验,并从文本中获得信息,充分阐述理由,省却了教师冗长的分析,同时充分调动了学生的兴趣,在对比中感受到"我"的品德。②写写留言条,既是学生对课文语言的再创造,又巩固了留言条这一应用文的写法,更重要的是,在读、写、争辩的过程中,进一步体味"我"的人品,逐步形成积极的人生态度。③读读对话,让学生领悟作者所寄寓的深情,进一步感受人物的人格魅力。在经历了做、写、读三个连续的表现活动后,学生能体会到"人和人之间还有比金钱更重要的东西。你给我留下了诚实和信任,这比金钱更重要"的文章主旨。

3.表现活动的设计要善于张扬不同学生的个性

在表现学习过程中,学生不仅在生成的表现内容会有所不同,而且在表现能力上也存在着差异。例如,有的学生自我表现欲强,有的学生比较胆怯;有的学生善于倾听他人发言,有的只顾表达自己的见解;有的学生长于思考,有的学生长于实践……我们在表现性活动设计中要善于把握学生的这些不同特征,让不同特点的学生都有表现机会,要照顾一些具有特别个性的学生,让所有学生尽可能充分展示自己的才能。

如吕老师在《照片设计师》的教学中对学生提问:你满意自己的作品吗? 然后针对学生发言情况,让学生根据自己的作品和设想进行交流,提出一些更高的目标。有一位学生根据交流,给照片中的被设计者进行了更大夸张和联想,把原来的辫子进行加长、加粗、染上七彩的颜色,并且命名为超级大辫子。还有一位学生,受了其他学生发言的启示,不仅在画图中直接进行修改,把手中的矿泉水变成金箍棒,而且还灵活地运用了复制和粘贴,把一顶孙悟空帽子加在了被设计者头上。有一个小组做出了一个小组网页,名字叫赤豆猫,五张作品都跟猫有关,有粘贴可爱的小猫和被设计者合影,有给被设计者加上胡须,打上蝴蝶结,非常有趣。这些生成的作品丰富多彩,是学生技能技巧的展示,也是他们率真个性的反映。

又如孙老师在教学《蚯蚓》时,考虑到城市里的孩子没有抓蚯蚓的经验,就设计了一个课堂上抓蚯蚓的活动,要求学生从蚯蚓盆中每人抓一条回去研究。当时碰到一个生动的事例:有个胖乎乎的男生怎么也不敢抓蚯蚓,全部女孩都抓回去了,他还抖抖索索地站在盆子前,手伸进去,又缩回来。于是孙老师把这个活动加以放大,首先是自己拼命地鼓励他,然后请其他学生为他加油鼓劲,看看不行,孙老师自己抓一条蚯蚓放在嘴边亲一下,消除学生的胆怯心理,最后这个学生勉强和孙老师抬着一条蚯蚓回到座位。事后,这个学生在日记中写到,这个活动改变了他从小就害怕蚯蚓的心理。

(六)基本结构及变式

在实施中,我们充分考虑学生的学习兴趣和需要,尽可能提供丰富的信息和环境,组织和引导学生自己去获取有关信息并加工;我们引导学生掌握表现学习的方法,而不是把大量的问题、信息、知识硬塞给学生;通过表现让学生自己判断学得如何,并自觉反思完善。我们力求让学生在民主、和谐、宽松的氛围中活动、学习、探究,使他们爱表现的天性得到充分的展示。

1.表现学习结构的应用

表现学习结构其实是问题解决的一个基本模式。要解决一个问题,所要经历

的过程就是获取、释义、生成、表现、评价,只不过这个过程突出了以学生的"表现"为中心。因此,当核心问题分解成一系列序列问题时,每一个序列问题的解决就会体现出这个基本结构圈(表现圈或表现环),而核心问题本身的解决也隐含着这个结构圈。比如,董燕老师执教的《等腰三角形的认识》一课就较好地体现了这个特点(见表6.3),而且我们还可以从中发现每一个序列问题解决时采用的结构并不一样,有跳过某一步的,有缺少几步的,具体课例中呈现的结构要远远复杂得多。

表6.3 《等腰三角形的认识》一课的结构分析

核心问题	核心问题解决程序			结构分析
	序列问题	序列问题解决程序	结构分析	
探索等腰三角形的特征	1.给圣诞老人的屋子设计的屋顶,引出学习问题。	1.出示圣诞老人的屋子图,说说自己的想法。 2.提出问题,我是建筑师,我加一个怎样的屋顶。 3.个性设计。 4.展示自己的作品。(预计会出现等腰三角形、等腰梯形,葫芦形等)。	问题 生成 表现	问题
	2.探索等腰三角形特征。	1.今天我们主要来研究三角形的屋顶,像这样的三角形我们叫等腰三角形,它还有什么特征? 2.4人组合作,领取学习材料研究等腰三角形的特点。 3.交流汇报:腰、底边、底角、顶角等,底边上的高是对称轴。 4.联想:腰:3厘米,一个底角:50°。	问题 获取 释义 生成 表现	获取 释义 生成 表现
	3.认识等边三角形。	1.提出问题:怎样设计,能使三角形屋顶任意方向都可以安装? 2.4人组讨论,改进设计。 3.汇报交流,这种三角形的特征。 4.作出评价,肯定成功。	问题 生成 表现 评价	
	4.类化关系	1.你能将三角形、等腰三角形、等边三角形的关系表示出来吗? 2.用自己的方式表现关系(文字说明、椭圆集合、大括号等)。 3.汇报交流,表现自己的理解。 4.小结:(1)哪些学习是成功的?(2)表现如何?	问题 生成 表现 评价	评价

2.不同学科的变式

具体到各学科,表现学习结构又会产生不同的"变式结构",这是基本结构的再生,是各学科在具体实施表现学习时的课堂操作模式。它与基本结构的关系是个别与一般的关系,所以实施时既要体现共性,又要反映个性。

共性方面,这种结构"变式"应体现基本结构的特点,兼顾教与学两个方面,把教与学和谐统一起来(这是"表现"型课堂教学结构的基础),应能体现出:

a 学生是信息加工的主体,是知识意义的主动建构者;

b 教师是课堂教学的促进者,是学生建构意义的组织者、引导者、帮助者;

c 教学媒体是促进学生自主探究与表现的认知工具;

d 教科书不是学生的唯一学习内容,学生还可以自主通过其他途径获取大量知识。

个性方面,这种结构"变式"应能反映具体学科的特色、具体课型的特点及具体年段的特点:

a 根据不同的学科和课型,建构不同的表现学习"变式"结构;

b 根据儿童的年龄、思维特点,建构不同的表现学习"变式"结构;

c 根据不同的解决路径,建构不同的表现学习"变式"结构。

在本课题研究过程中,在基本结构框架下,语文、数学、科学、音乐、信息技术等学科都有一定的变式结构。以下选择《詹天佑》(表 6.4)一文的教学案例作为说明。

表 6.4 学科变式结构实践举例

表现学习过程	结构分析
通过上节课的学习,我们知道有这样一个人,虽然他离我们的年代比较久远,但每一个中国人都不应该忘记他,他就是——詹天佑。这是值得每一个中国人都深深怀念的名字,让我们再深情地呼唤他的名字。	
1.默读课文思考:你认为课文选取了詹天佑铁路施工过程中哪几个典型事例?从文中找出合适的短语做标题。从这些事例中你认为詹天佑是个怎样的人?用自己的话说说詹天佑的个性品质?	默读课文 提出问题
2.刚才同学们从不同事例对詹天佑有了进一步认识。下面就让我们细细地品读课文,一边读一边感悟:你是从詹天佑事例中的哪些语句体会到了你对詹天佑的所作的评价?(要求:第四自然段以体会和朗读为主;第五自然段以画施工图为主;第六自然段以模拟演示为主。)	自主品读 获取信息
3.交流学习收获,给予补充、评价。 ★学习"勘测线路"。	
重点理解詹天佑怎样说、想、做的句子,体会他身先士卒、为国争光的精神。 学生谈体会和朗读,读出詹天佑的令人感动之处,师作适当点拨。	启迪情感 人、文对话

续表

表现学习过程	结构分析
★探究开凿隧道和"人"字形线路。 ①如果你就是詹天佑总工程师,请任意一种开凿隧道的方法示意图,并作适当的解说。 ②学生评价。 ③能标出中部凿井的 6 个工作面吗? ④詹天佑为什么要设计这两种方法开凿隧道?体会詹天佑杰出的才华和创造精神。 ⑤如果你是火车司机怎样演示火车过青龙桥?自己找一个合作伙伴为自己演示作解说。 ⑥思考"人"字形线路有什么好处?我们生活中哪些时候也用到这种方法?体会詹天佑的创造精神。	交流分享 情感升华
小结:同学们,隧道的高速施工和"人"字形线路的高超设计是世界铁路史上罕见的,直到现在,公路、铁路的修筑中,还运用着詹天佑开凿隧道的方法,可见詹天佑的确是一个杰出的爱国工程师。 4.为我们心中的英雄——詹天佑写一段颁奖词(要求:朴素真挚,以情动人),学生试写并自由宣读。	以写促读 综合运用

(七)实施的策略

表现学习要求教师在教学实践活动中,提供机会,让所有学生都有机会表现自己的智慧和才华,展示自己的独特思维方法和思想,形成人人参与的生动活泼的学习局面,促使个个愿表现、善表现、乐表现。

因为教学过程具体而复杂,教学内容丰富多彩,教学要完成的任务又是多方面的,因此,实际的表现学习过程中应当有多种策略,不可能一种策略从头用到底,要根据不同的教学目标、不同的教学情境、不同的教学环节,采用不同的表现学习教学策略。比如董燕老师教学的《等腰三角形的认识》中"研究圣诞老人屋顶的特征"是情境教学策略的运用,"探究等腰三角形的特征"是动手操作策略的运用。

这种灵活性还体现在尽量运用多种媒体来促进学生表现,如录音、投影、多媒体信息技术等,特别是多媒体组合方式,能使学生表现展示的内容、要点、过程、方法、问题等一目了然,增强表现展示的效果。当然也要提醒学生注意适切性,要因地制宜、就地取材。

在研究中,我们着重做了以下两个方面的探索:

一是基本策略的探索,概括为"创氛围、精点拨、促表现"九个字。我们认为,氛围创设是满足学生需要的先决条件,是促使学生主动参与、乐于表现的前提,创设氛围主要从心理氛围、情感氛围、环境氛围三个角度展开;精点拨指努力贯彻启发式教学,在学习和表现时点在重点处,拨在疑团处;促表现指教学中要引导学生表现,关注不同表现水平的学生,让所有学生都有机会表现和提高。

二是将基本策略运用到各学科、各课时中具体策略的探索。我们已初步形成一系列学科教学策略:例如语文学科的主题单元学习策略(见案例一);数学学科的问题解决策略(见案例二);体育学科的运动处方策略;信息技术学科的模拟真实任务解决策略等。

案例一:主题单元学习策略

主题学习策略是指通过某一主线将若干学习材料集合在一起,让学生进行学习,使学生有较多时间接触同类内容,将该内容学深学透。四下语文教材中,《笋芽儿》、《燕子》、《古诗三首》、《放风筝(习作训练)》、《春天的雨点》等都和春天有关,我们打破教材顺序,设计了"春天"这一主题单元的学习活动。共有十教时组成:一、二教时初步了解写春天的文章,读通这些文章,小组学习自己喜欢的一篇文章;三、四教时深入研读自己喜欢的文章,组际交流学习感悟,分析不同的作者是怎样来表现春天的;第五、六教时设计了美术课《春天来了》和音乐课《春天在哪里》;第七教时安排学生踏春;第八教时要求学生交流踏春中的感受,交流收集的课外资料;九、十教时要求学生尝试写一篇关于春天的作文。

围绕"春天"这一主题,学生通过课内、外阅读,吸收了大量有关描写春天的优秀文章、诗篇中的经典词句、段落,胸中"积蓄"甚厚,又通过踏春、赏春,心中"感悟"颇深,有了一种"直抒胸怀"的表达意愿,且从文章内容到文章体裁,都给学生以相当的选择余地,为学生创造了自主表现的空间,学生更乐于表现,也表现得更好。

案例二:问题解决策略

问题解决策略是以问题为核心,通过运用所学的数学知识、数学方法发现问题、搜集资料、共同探讨、解决问题。它有一个较长的过程,需要学生全程参与,因此它能有效促进学生的表现。如《小数除法的笔算及其在生活中的运用》的一个片段:在课中,教师提出了一个富有生活情境的问题:假如我是总经理? 并出示了一个商业合同(如下)。

合同书

甲方:香港金泰贸易有限公司

乙方:富阳新达纸业公司

甲方向乙方订购规格为 787×1092 的铜版纸 125.5 吨,总价为 91 万元,限期乙方 10 天时间交货,如有违约,乙方需向甲方赔款 10 万元。

这马上激起了学生的好奇心,使学生有了质疑的机会与空间。随后,教师又提出了"3天后车间主任汇报:3天共生产32.4吨"的问题,使125.5吨、12.55吨、32.4吨等一系列小数构成了一组有相互影响的数据,学生兴趣盎然地进行讨论、运用,并提出如何解决生产量的问题。教师趁此机会展示了现有库存与兄弟厂家供应的情况,使信息更多,也更符合实际生活情境,学生的表现进入到一个更高的阶段,他们互相争论、交流、合作、提醒等,问题在热烈的气氛中圆满解决。

(八)教与学的反思

在教学的评价阶段,师生要共同对问题解决、表现任务完成的过程、方法、结果等进行反思,通过与预期目标相比较,在反思中寻找差距、发现问题,以便据此对学习活动做出调整补救与完善;针对普遍存在的问题或典型的错误反应与动作,从新的角度加以澄清和纠正,并在综合、迁移、扩展中提高。我们将反思纳为表现学习的一个重要组成部分,在教师的教学过程中,教学反思必须每课都有,而且这种反思与教学活动相始终,不仅在教学活动结束后必须做,而且在教学设计的时候就应该开始反思,甚至还要做得比这更早些。

比如姜老师在教学《请到这里来做客》时从了解三个地方的地理位置到欣赏当地风光到体验民族特色,最后拓展性地了解三地如今的变化,层层深入,处处展现表现场景,充分地为学生提供表现舞台,激发了学生的表现欲望,提高了他们的表现能力。教学后她从两个方面进行反思:

> 一部分表现能力强的学生,可为他们提供更广的表现空间,树立大胆表现的榜样。整堂课全由三位小主人调控。从讲解珠穆朗玛峰的高度、布达拉宫的情况到新疆的图片放映,再到藏族礼仪的演示,教授新疆舞,贯穿始终,他们无不一一出色地完成了,表现能力令人震惊。平时这样强大的能力没有外显关键是老师不敢放手,生怕表现有误。(2)更多学生能参与表现是努力的方向。藏民礼仪的体验,随新疆主人跳新疆舞,交流收集的资料,这些教学环节的设计正是为全体学生参与表现做准备的。个别还是不愿表现的学生就由三位民族小主人和老师邀请。最终达到了全体参与的目的。

又如吕老师《在WORD中设置艺术字》进行了教学过程中的反思:当美丽、形态各异的大鸟、小鸟展示在学生们面前,学生听着鸟鸣,跟着欢快的《小鸟,小鸟》儿童歌曲有节奏地摆动身体,仿佛进入了一个五彩斑斓的美丽世界,让他们着迷,陶冶了他们的情操。从而使学生对鸟儿产生浓厚的喜爱之情,急切的要表达自己对鸟的喜爱。这时教师就给学生一个赞美鸟的机会,让学生充分地表现"诗情才华",各种姿势,赞美着鸟儿,表达自己爱鸟之情。在老师的引导下,当学生知道可以用美丽的艺术字把对鸟赞美语录下来,他们个个跃跃欲试,眼中发着光,一脸的兴奋,急切地想表达对鸟的喜爱,产生强烈的操作和表现欲望。经过老师简单的指点外,除了个别能力较强的学生可以独立完成之外,对于大部分学生来说,在操作上都存在这样或那样的困难,而学生却没有意识到这一点,这样的矛盾如何解决? 是否先让教师讲解一番,这是我们常用的手法,但是如果这样做,会消磨学生的操作欲望,也不利于学生急切表达对鸟的感情。因此,我先让学生尝试着操作,相信学生自己的潜力,让他们在操作中发现自己存在的问题,操作中帮助他们解决问题。让学生在轻松自主的环境中,开动脑筋,展开想象的翅膀,创作出种种美丽的艺术字作品,最大限度地发展学生。当一幅幅美丽的作品完成时,作品中的浓浓的喜爱之情也跃了出来,学生个个都很开心和满足。表现课堂中教师不再是权威的代表,而是保护、激发学生创造欲望,鼓励学生发表自己的见解,引导学生创造性的思考,最终成为学生创造性思维火花的助燃剂。

除教师的反思外,学生也是反思的主体。教师要引领学生积极参与反思。学生参与反思也很有意义,因为学生通过回顾与总结表现学习的全过程中我做得如何? 怎样做的? 有什么收获? 何处需要改进? 从何处入手等等,可以更好地改进自己的表现策略,提升自己的表现意愿和表现能力;而且学生进行反思本身也是一种表现活动。

比如,五(6)班的陈丽同学对自己在音乐课中的表现进行了如下反思:

　　　学完歌曲《每当我走过老师窗前》后,老师让我们想想新办法,如何让我们的演唱更优美,更有创意? 同学们讨论后提出了很多好的建议:有的说,可以加上碰钟和木鱼伴奏;有的说,用口琴代替钢琴。我响亮地回答:"可以把这首歌曲表演成一部小小的音乐剧。请合唱队的同学唱歌、舞蹈队的同学伴舞、口琴队的同学吹口琴;把教室的窗帘拉下,灯光熄灭,营造一种夜深人静的气氛;再请一位同学到讲台前当批改的小老师,其他的同学来扮演轻轻走过老师窗前的学生……"同学们拍手叫好,老师当场采用了我的建议。当我把窗帘拉下,灯光熄灭时,同学们一个个都惊呼起来! 大家各尽其能,扮演着不同的角色,尽情地表现自己! 我心里喜滋滋的,既为自己的建议得到实施而兴奋,也为自己出色的创意而自豪!

(九)学习的评价

为提高课堂表现学习的有效性,我们编制了"表现学习"课堂教学评价表(见表6.5),评价从教师行为、学生行为两个方面六大指标入手进行考察,在具体操作中具有下列特点:

1.始终关注学生表现

要从学生的表现意愿、表现方式、表现能力多层次多角度进行评价,学生表现的热情有没有激发、表现的度怎样、表现的面是否广等。对教师行为的评价,也着重看教师是否设计和达成了表现性目标、是否积极调用策略促进学生的表现性活动等指标。

2.定量与定性结合

不仅根据所列指标给教师一个合理的分数,同时就教师行为和学生行为两大块分别进行描述,给出师生在课堂上具体的表现情况。两者的结合使教师看到真实的课堂和真实的自己,有助于更好地改进教学。

3.评价形式多样

评价形式多样体现在两个方面:一是评价主体可以是自己,也可以是他人,甚至是同学,即可以通过自评和他评来确定自己的学习成效。二是评价的时机可以选择在一节课后,也可以在一个单元或一个较长的时间段后。

表6.5　"表现学习"课堂评价表

教学时间		教学内容		执教者				评价者	
	指标	评 价 要 素	定量评价					定性评价	
			优	良	中	差	得分		
教师行为40分	目标设计15分	制定全面、科学的知识、技能、情意目标,强调学生的个性发展;	14～15	11～13	7～10	7以下		1.根据教学的重点、难点设计核心问题,寓阅读教学于探究表现之中。如理解开凿隧道画施工示意图,理解"人"字形铁路设计用画图和演示相结合的形式。这些都紧扣"领会詹天佑杰出的才干和精神"进行。2.阅读教学与表现能力的培养同步进行,画了即说,演示后即解说。融阅读、思维、表达于一体,训练了学生的思维和语言表达能力。	
		设计统整的教学问题;							
		设计与创意学生表现的活动和要求。							
	策略运用20分	创设有利于学生表现的学习氛围或情境;	17～20	13～16	9～12	9以下			
		提供充分的表现资源和材料,善于调动儿童已有的生活经验;							
		启发、点拨表现的方法、重点和难点;							
		注重学生的自主学习、合作学习和创新学习;							
		提供学生充足的表现时空;							
		适时利用现代教学技术手段促进学生表现。							

续表

教学时间		教学内容		执教者			评价者	
	指标	评 价 要 素	定量评价				定性评价	
			优	良	中	差	得分	
教师行为40分	情感调控5分	热情饱满,积极投入教学情境; 善于运用儿童化的、激励性的语言; 创设民主、和谐的表现氛围,与学生平等交流。	5	3~4	2	2以下		3.创造了形式新颖、风格独特、寓读说能力培养于丰富多彩的情境之中的教学方法。
学生行为60分	表现意愿10分	积极参与学习活动,乐于表现学习成果; 求知欲强烈,充分展现个性风采。	9~10	7~8	5~6	5以下		1.学生能根据自己的喜好、特长选择阅读段落,能运用多种方式进行阅读感悟,如读一读,画一画,做一做,想一想。 2.学生在课堂上表现自己学得的知识,形式多样,通过说一说,演一演,写一写,念一念等活动充分表达自己对詹天佑才华与品格的理解。 3.学生积极参与学习活动,更多的学生投入到表现之中。
	表现方式10分	能自己选择表现的方式,主动地参与表现; 表现方式丰富多样,充分利用课堂空间(读、议、算、操作、演示、表演、汇报、竞赛、板演等)。	9~10	7~8	5~6	5以下		
	表现能力40分	加工信息:善于获取整理相关信息; 选择策略:能选择合适的表现策略,准确理解和运用所学知识; 表述能力:畅所欲言,准确表达自己的观点见解; 质疑能力:有问题意识,敢于质疑问难,发表不同意见; 合作交流:善于交往,善于合作,并在交流合作中获益; 思考能力:善于思考,有独特见解,融会贯通,异想天开; 评价反思:能自我监控表现过程,反思表现得失; 实践运用:具有较强的知识外化能力和动手实践能力,能主动的、创造性的解决现实问题。	35~40	25~34	18~24	18以下		
总　　分								

二、拓展时空，课外实施表现学习

（一）表现活动的定位

表现活动是竞争性与表现性的统一且更关注表现；表现活动是情感与认知的统一，既求精神的愉悦，又求智慧的启迪；表现活动是个人责任和他人合作的统一，强调共享，追求双赢；表现活动是个人独特性与群体多样性的统一，尊重差异，张扬个性。

（二）表现活动的时空拓展

时间上拓展的主要是从课内向课间、课外、双休日、节假日、假期延伸，空间上的拓展主要是从班内向年级、校园、家庭、社区、社会延伸。我们结合学校的艺术教育传统，构建了"表现学习"专项活动体系，并开展了一系列表现活动（见表6.6），重点开辟了"三苑三中心"表现活动区，即畅想画苑、金苹果科学苑、妙笔书苑、校园吉尼斯中心、雏鹰社会考察中心和七彩演艺中心，使表现活动贯串于学生所有的学习和生活之中。

表 6.6 "表现学习"专项活动

时间\空间	班级	年级	校园	家庭	社区、社会
课内	课前三分钟表现活动	《热爱家乡，胸怀祖国，情系世界》读书展示活动；	《展示健康体魄，表现顽强精神》金秋体育节；周二晨间大家谈活动	——	——
课间		《红领巾小银行》存款活动；	小游戏；讲故事；课本剧表演	——	——
课外	——	编写科技小报活动；课外知识演讲活动	队干部竞岗演讲活动	《亲子互动》家庭表演活动；《汇报我的学习》活动	创绿色学校环保宣传活动；社区建设考察活动
双休日	——	——	——	《今天我当家》活动	少先队假日小队体验活动
节假日、假期			《金色童年，七彩表现》艺术节活动；迎"6·1"技能表现活动	《母亲节，我送妈妈一份礼物》圣诞贺卡制作活动	富阳市第三届元宵灯会系列实践活动；《走向自然》野外生活训练活动；《走向社会》了解社会实践活动

(三)表现活动的价值体现

1.拓宽了表现领域。我们建立了从课内到课外、校内到校外系列表现活动,使学生的表现不再局限于课堂、校园,而是将校园、家庭、社会有机融合起来,使学生的表现拥有了更广阔的天地。就校内而言,我们在地面上设计图案,学生可尽情玩耍;专用教室开放,学生可选择自己喜欢的活动内容;走廊、教室设有表现角,配置学生喜欢的表现器材;《校园风采》杂志开设《小学生自己的故事》和《学生优秀作品》两个栏目,学生可发表优秀的作品,畅谈自己的体会;还有"三苑三中心"表现活动区,学生可以尽情展示自己的特长。

2.丰富了表现内涵。表现活动活而有序,表现不只是展露的作用了,它还包括学生获得积极的体验和丰富的经验,获得对自我、他人、社会和自然之间内在联系的整体认识。

3.张扬了独特个性。表现活动为学生展示自己的特长提供了机会,许多绝活为此有了露脸的可能,在丰富多彩的活动中,学生自主选择活动项目,自己设计表现过程,这是学生率真个性的反映。

4.分享了成功喜悦。表现活动淡化了竞争性,表现的目的是为了大家可以从中获取快乐,所以当学生取得成绩时,既有个人的欣喜,更多的是由此带给群体的喜悦。

案例 关注元宵灯会——小记者们在行动①

(一)选题

1.揭示课题。

师:寒假快要来临,我们富阳市今年将在恩波广场及江滨大道举行第三届大型元宵灯会,这可是一个盛会,也是锻炼我们进行考察研究、走进社会、感受民风民俗的好机会,我们要关注元宵灯会,并结合灯会进行一次综合实践活动,希望同学们人人参加。

2.自主选题。

师:当然,对于这样一个大型的活动,如果眉毛胡子一把抓,那么我们将不知从何做起,我们必须选一个比较小的切口进行我们的研究与实践活动。

(该从何选题着手成了全班同学讨论的焦点。在课题讨论会上,同学们一个个兴致勃勃,跃跃欲试,纷纷发表了自己的想法。)

生:我想了解有关花灯的历史、传说。

生:我想了解元宵灯会的历史、传说。

---

① 浙江省富阳市富春三小孙逸群老师设计.

生：我想进行社会采访，主要了解我市有关灯会的准备情况，了解灯的制作情况。

生：我想进行灯会现场的采访，了解市民对本次灯会的观感和建议。

师："好，同学们刚才从各个角度提出了自己想了解的内容，那么你们想不想进一步深入研究？"（学生露出跃跃欲试的神色）

师："我们全班58个同学，成立几个研究小组，你们可以凭兴趣自由组合，老师建议大家从以下内容去选择：①了解灯的历史。②了解灯会的历史。③了解与灯会有关的相关活动（如灯谜、古诗词、人物轶事、故事、传说等）。④进行社会采访，主要了解我市第三届灯会的准备情况和运作情况。社会采访又可以从不同的角度去进行。如可以采访灯会筹委会、办公室人员，可采访制灯师傅，可进行观灯现场报道等等。"

经过热烈的讨论，同学们根据自己的兴趣分别确定了各自的研究课题并自由成立了研究小组。

（二）实践

1.资料收集。元宵灯会研究课题组成立后，我建议资料收集时间为半个月。学生有了研究目标，便开始围绕这一目标搜集材料。我联系了学校图书室、阅览室和网络中心，为学生创造条件，让学生查阅图书资料，运用因特网搜索引擎上网收集资料，还发动学生通过媒体、人际交流等各种渠道寻找收集有利于课题研究的信息，然后加以筛选、处理和应用。如一些学生通过网络收集到有关灯会的历史资料，写了《灯会传说新编》，文章一改史料的枯燥乏味，而变得内容新颖，生动有趣，充满了创作的热情。以下是灯会历史研究小组查询的部分资料记录。

时间：2002年12月15日

地点：李家瑶家

参加人员：李家瑶、黄奇幡、杨尚莹

中心问题：灯会的历史

查询资料1：正月十五为上元节，亦称元宵节（又称灯会）。据乾隆十四牛张绍美编的《五凉考治六德集全志·武威县志》载："元宵，四市竖坊，悬灯，杂扮花鼓，高跷，演百戏。"旧时，金塔寺等地有黄河灯会，情景亦十分壮观。建国后，历年元宵节的灯会胜似往昔。节日之前，企事业职工，纷纷结扎彩门，悬挂花灯。有花卉灯、动物灯、八仙过海灯、西游记故事灯，争奇斗艳，气象万千。有爱好者在灯内装置微型电动机，胜似走马灯。最引人注目的是腾云驾雾的金龙灯，足有10多米长。是夜，城内和城郊居民，蜂拥而至，万头攒动，人流如潮。武威习俗，观灯时必从龙灯下钻过，祈求合家平安，万字如意。又说龙是吉祥物，钻了龙灯，就会人丁兴旺。

查询资料 2：关于元宵节的来历，民间有几种有趣的传说，其中一则最为盛传。说在很久以前，有一只神鸟因为迷路而降落人间，却意外地被不知情的猎人射死。天帝得知后十分震怒，命天兵于正月十五日到人间放火，欲将人们通通烧死。心地善良的天帝女儿，不忍心看人间受难，冒着生命危险把消息传递。众人听说，吓得不知所措。一位老人出了个点子：在正月十四、十五、十六日三天里，每户人家都挂起红灯笼、点爆竹、放烟火，以此迷惑天帝。正月十五这天晚上，天兵发觉人间一片红光，果真以为是燃烧的火焰，就禀告天帝不用下凡放火了。从此，每到正月十五，家家户户都悬挂灯笼，放烟火来纪念这个日子。至于元宵节的应节食品，也是在长久的岁月中慢慢发展起来的。在南北朝时的元宵节，食用浇上肉汁的米粥或豆粥；到南宋，就出现了所谓的"乳糖圆子"，这应该是汤圆的前身了。后来发展到明朝，人们就以元宵来称呼这种糯米团子。

2. 走出课堂。针对学生想了解"我市元宵灯会的准备和运作情况"的要求，各课题组大胆地走出课堂，采访了灯会筹委会办公室人员，采访了制灯师傅，采访了灯会现场观灯的男女老少，甚至还联系了电视台摄像师、主持人全程跟踪。通过实践活动，学生不仅了解到有关灯会的各种情况，还最大限度地发展了创新性思维，培养了实践能力。

访问记录

访问时间：2003 年 2 月 22 日　　　　星期六

访问地点：洪师傅家

参加人员：许晶、黄士龙、包炜、徐碧舟、孙瑶、电视台的海滨叔叔

访问对象：制灯师傅洪爷爷

问题 1：洪爷爷，您做灯几年了？到现在大约做了多少盏灯？

我上小学就开始做灯了，到现在已经有 50 几年了。小的那种灯呢大约做了 100 多盏，至于大的嘛，以前只做过四次，分别是 1988 年、1989 年、1993 年和 1998 年，再加上今年这次，就有五次了。

问题 2：您对这次灯会有什么建议或意见？

这次灯会举办得很成功，有许多设计很新的大型花灯，不过，就是一点不好，没有那种左右摇摆的灯，都是那些转圈的灯。要说建议嘛，我希望下次灯会上能见到以我们私人名义做的灯，特别是像你们小朋友亲手做的灯，然后把你们的灯一盏一盏地挂起来，这样就更漂亮了。还可以在你们的灯上挂上各种各样的灯谜，这样就会吸引更多的观众，更有元宵佳节的气氛。

观察记录

观察时间:2003年2月15日

参加人员:汪寒汀、徐盈、孙尉铭

地点:恩波广场、江滨西大道

"龙腾世纪"灯:这盏灯有两层楼那么高,上有八条不同颜色的小龙,中间有一根红柱子,就像孙悟空那从天而降的金箍棒矗立在广场上。柱子上还有一条大龙,好似八条小龙的爸爸。小龙们都仰着头看着它,好像要爸爸教他们怎样爬柱子。这条大龙的顶上还有几盏彩灯,不时地发出五彩的光芒。

"万象更新"灯:这盏大象灯用白色绒毛做身子,上面披着绿色衣服,尾部披着一块红色花纹图案的披肩,一条白色的短而细的尾巴。大象还露出两根尖尖的象牙,鼻子会一上一下的摆动,而且鼻子朝上时还会喷出一股清凉的水,时常引来游人的惊叹。

"龙门古镇"灯:这是我老家龙门制作的灯,它有三扇门,分别是义门、孙氏宗祠和工部,还有一个气势宏伟的牌门。灯上画着孙权的画像和龙门山飞天瀑布的照片,还会不停地转动呢!整盏灯古色古香,制作非常精美,因此,停留在这儿的游人特别的多。

(三)成文

1.共享信息。元宵灯会结束后的作文课上,我先让学生分小组汇报各自探索研究的情况,要求发言时必须讲清三个问题:(1)研究的是什么问题?(2)研究的过程是怎样的?(3)研究的结论是什么?接着,我组织全班学生进行了交流,选了几个代表讲述他们自己探究的过程和结果,并组织大家进行了评议。在交流中,实现了信息互补。通过不同信息的交流、碰撞,激发学生的思维,使学生形成更为独特的感悟。

2.鼓励个性。关于元宵灯会为主要内容的一组作文该怎么写呢?我就作文形式先作了概要提示,然后师生共同议题:①童话写法,题目有《"龙腾世纪"的自述》、《西瓜灯的哭泣》、《两盏灯的对话》等。②记叙形式,题目有《欢欢喜喜观灯去》、《欢乐共此时》、《难忘的采访》、《过把记者瘾》等。③状物描摹,《雄伟的"众'纸'成城"》、《神奇的"大象更新"灯》等。最后再让学生自由作文,达到了作文个性化的目的。

关于元宵观灯的精彩片段

……

麒麟灯周围也围满了人。两只"麒麟"在灯光的照射下显得晶莹剔透,中间的大圆球还随着优美的乐曲不断地旋转。仔细一看,原来它的制作材料与众不同。整座灯都是利用医院丢弃的青霉素药瓶做成的。

我暗暗佩服设计者"废物利用"的独到创意,更赞叹制作者的细心与耐心。"看,快看!'麒麟'的头动了!"看它那神气的样子,似乎正在向人们炫耀呢!

……
————孙恬艺《开开心心看灯去》

嘿,你们好,我叫"蝴蝶",但我只是灯展中一盏被人们冷落的灯。

瞧,我右边这位"大象哥"多风光,有那么多人正围着他,夸奖他。其实,这也没什么大不了的,因为他的鼻子能活动,又能喷出水来,当然受人欢迎啦。我轻轻地叫了声:"大象哥。"大象转过身来,问:"蝴蝶小弟,你有什么事吗?""唉,你真好,有这么多人围着你……"我还没说完,他就安慰我:"其实我也没什么了不起的,只不过人们把我造得漂亮些,否则,我还不是和你一样。"说完,他便转过身去了。

我又叫了声在左边的"龙大哥",这位"龙大哥"可不是什么"善良之辈",他大声呵斥道:"你这种不识好歹的东西,还想跟我谈话,快滚开!"我只好不做声,可他好像还不放过我,又骂道:"哼,怎么样,我比你厉害吧!我有这么多人围观,我还披着一身漂亮的金装,你呢?哈哈哈……"我只好忍气吞声,这时,我的脸湿润了,也分不清是雨水还是泪水了。

我,在雨中孤零零地站着,真希望人们也来关注我。

————金奕锋《"蝴蝶"的哭泣》

学生在绚丽多姿的灯会中,摄取了丰富多彩的材料,轻松愉快地弹奏出他们奇思异想的心弦,在习作中所展示的角度、写作的顺序、写作的主题和手法上都体现了一个"新"字,焕发出了"个性化生命的光彩"。

(四)交流

关于元宵灯会的课题,我首先让学生自我欣赏和相互欣赏并修改自己的文章。其次举办了《元宵灯会专题报告会》、板报宣传、编小报等,指导学生从不同角度去观察和了解元宵灯会。教师鼓励学生互相提出建议,并进行合作修改。研究性专题实践活动结束后,我们还将同学们的研究成果编成了四本作文集,分别是《元宵传说我来编》(传说)、《元宵佳节观花灯》(记叙文形式)、《元宵佳节花灯闹》(童话)、《小记者们在行动》(采访录),挂在教室的学习园地里,让每位同学都能体验到自己研究的成功,分享彼此间成果的快乐,激发他们的探究热情。

三、以评促表,评价引导表现学习

(一)确定评价的总目标

根据课题研究的指导思想与理论构想,我们确定的评价总目标是:培养学生的表现意愿和表现能力,促使儿童愿表现、爱表现、敢表现、会表现,形成个体多样表现、群体共同发展的氛围,以促进小学生创新人格的发展。

"表现学习"评价的重点目标落实在表现意愿和表现能力上,含有新课程"三维目标"的精神。因为要让学生进行表现学习首先要关注他们愿不愿表现,爱不爱表现;其次要考虑他们能不能表现,会不会表现,这样突出了情意目标和能力目标。同时,表现又离不开知识,孩子们既要以知识作为表现的基础,又要通过表现来促进知识的吸收。"表现学习"同样重视知识目标的落实。

(二)划分目标层次

我们把表现意愿分为被动表现、主动表现、积极表现三级:被动表现是指在老师或同伴的作用下勉强参与表现活动;主动表现是指不需外界作用,自觉自发参与表现活动;积极表现是指敢于做出与众不同的独特表现。我们把表现能力也划分为模仿性表现、变异式表现、创新性表现三个层次:模仿性表现是指学生能模仿教师、同伴的表现做出相同或相仿的表现活动(表现的初级层次);变异式表现是指学生能根据自身的优势选择自己擅长的方式和熟悉的内容做出的表现活动(表现的发展阶段);创新性表现是指学生在理解的基础上,采取独特的展示方式所做出的表现行为(表现的最高层次和境界)。

表现意愿和表现能力是学生表现学习的两个方面,划分层次的目的在于让教师了解学生的表现现状,以便在教学中促使学生的表现水平由低层次向高层次发展,使他们逐步具有:

明确的努力目标和积极的较高的抱负水平,学习和生活中具有奋发向上的动力,积极地参与活动过程,热爱生活。有乐观进取的精神,有自控力,富有同情心和爱心,能与人和谐相处,同时又对学习充满兴趣,对科学充满好奇。

在智力活动中不受消极暗示和传统的约束,具有独立意识,有明确的学习目标和自觉积极的学习态度,能够主动地去认识、学习和接受教育影响,主动地思考、质疑,以达到预期的学习目标。对新知识新事物怀有强烈的探索欲望,具有较为浓厚的兴趣,并在获得愉快和成功情绪体验的同时,表现出较高的学习热情。

在各项活动中积极参与,大胆尝试,不甘示弱,有自信心。具有积极的自我意识,表现出一定的自我认识、自我评价、自我激励、自我控制的能力。能大胆发表意见和表现自己的才能,勇于按自己的想法大胆尝试完成任务。清晰准确地体验和认识情感,会用恰当的语言、动作、表情表达自己的情绪。

乐于过集体生活,能较好地与人交友、沟通、合作,并体验到与人交往的快乐。能积极主动与人合作,学习用正确方法解决合作中出现的问题,乐意交友,并学会用自己的力量去感染他人,影响他人。

(三)制定评价方案

我们认为,表现作为儿童学习、成长中的一个重要素质,最好在学生学期素质报告单中给出评定。为此,我们结合杭州市二期等级评价方案,在原素质报告单的基础上列出"表现情况"一栏,对学生的表现意愿和表现能力作出评定,从而形成新的评价方案(见表6.7)。

该方案包括学科学习表现和活动表现两个内容,学科是指小学开设的所有科目,活动主要指才艺活动、家庭表现活动和社区社会实践体验活动。评价指标中的表现意愿和表现能力两项,每一项都划分有三个不同层次,以使学生获得较为客观的评价。

表6.7 "表现学习"评价方案

项　　目		表现意愿			表现能力		
		被动	主动	积极	模仿性	变异式	创新性
学科	语文						
	数学						
	……						
活动	才艺活动						
	家庭表现活动						
	社区社会实践体验活动						
综合评定(定性描述)							

(四)学科评价目标

围绕总目标,结合表现意愿和表现能力,我们制定了具体学科和活动的表现意愿与表现能力评价标准(见表6.8)。这些标准是总目标的进一步具体化,同时又考虑到学科与活动的自身特色,是教师落实"表现学习"的指针。这些评价标准针对"表现学习"所涉及的领域,由学生、教师、家长、社会工作者等多方参与协商制定。评价标准具有下列特点:具体明确,不仅可以使学生知道关键信息,还可以给学生确立一个努力的目标;情景性强,评价的对象能在情景中得到肯定,涉及全面而深刻,关注个性发展;灵活多样,一是关注学生的发展性层次,体现出学生的表现深度;二是关注学生个体差异,体现学生的个体特征;注重反思,在整个评价过程中,评价旨在促进学生内在的自我意识的觉醒与成熟,提高学生的自我评价能力。

表 6.8　语文学科表现意愿和表现能力评价标准

项目	具体评价指标	赋星			星级		
		★	★★	★★★	生评	组评	师评
表现意愿	参与课堂发言	很少	一般	经常			
	参与小组学习、讨论、交流	很少	一般	乐意			
	环境识字,读课外书,查找资料	很少	一般	积极			
	课堂中是否愿意质疑问难	很少	一般	积极			
	在众人面前展示自己的学习成果(作文、小报、表演等)	很少	能	乐意			
	等　　级						
表现能力	小组合作学习	弱	一般	强			
	发现问题、提出问题,解决问题	弱	一般	强			
	阅读能力(感悟、理解、评价、鉴赏)	弱	一般	强			
	能熟练地和同学、朋友、老师聊天,谈阅读体会,交流思想和情感	弱	一般	强			
	抒真情、写实感、创意表达	弱	一般	强			
	环境识字,扩大课外阅读量	少	一般	多			
	搜集、分析、整理课外阅读信息	弱	一般	强			
	等　　级						

"表现学习"评价就其内在涵义来说,是对表现的肯定和张扬。评价从过去关注知识转向关注表现,不仅关注学习结果的表现,更关注学习过程中的表现,注重学习过程中表现意愿和表现能力的协调发展,对学生的的健康成长以及创新人格的发展具有积极意义。"表现学习"评价的最终目的又不仅仅是促进表现,而是在促进表现的过程中提升学生的综合素养,学生的综合素养高了,他们的表现水平也会更高。所以评价与"表现学习"具有密切的联系,两者是辩证统一的关系。

(五)评价方案的实施

——选择恰当的评价方法,有效促进学生表现。依据课题特点、学科特色和学生的发展状况选择评价方法,如强项评定适用于音乐、美术学科,足迹式档案袋评定适用于数学、美术、语文中的作文等,展览展示评定则适用于美术、科学等学科。在运用这些不同的评价方法时,我们力求做到:确定学习内容或活动内容;根据相应的学习内容或活动内容构建评价的具体指标和评分规则;开展表现性活动并在活动中收集信息;交流收集到的信息并根据评分规则作出公正地分析与评定;对评价结果进行反思。

——做好表现情况过程记录工作。对学生在平时学习、活动中的特别表现、精彩表现及时进行记载,获取关于学生表现情况的真实资料。

——期末对照《学科(活动)表现意愿和表现能力评价标准》,由学科教师组织,通过自评、组评和师评等形式,综合评定学生的表现情况。

——当所有学科教师完成学科表现评定和活动表现评定后,班主任对学生的总体表现情况作比较全面的定性评价,给学生指出优势和劣势,帮助学生正确认识自己,在今后取得更大进步。

第五节　研究的评估与反思

一、研究的成效分析

(一)儿童的表现意愿及能力得到发展

在行动研究过程中,我们始终聚焦"表现学习"这一有效载体,让儿童爱表现的天性充分展露,并积极创造儿童表现的新时空,有效促进了儿童表现意愿与能力的发展。

据调查:学生认为"表现"可以长见识、增长才干的,四、五、六年级的百分比分别为 63.2%、93.3%、70.2%;学生很愿意、很喜欢表现且喜欢标新立异的,四、五、六年级的百分比分别为 54.4%、88.3%、45.6%;学生自己想办法,精心设计表现步骤的,四、五、六年级的百分比分别为 45.6%、21.7%、50.9%;学生主动找老师、同学、父母帮忙,解决其中难点的,四、五、六年级的百分比分别为 21.1%、10.0%、24.6%;学生不仅参与设计,还主动承担表现角色的,四、五、六年级的百分比分别为 21.1%、68.3%、24.6%;

(二)儿童的人格特质得到良好发展

在儿童表现意愿与能力发展的过程中,他们的人格特质得到良好发展。我们修改制定了符合小学生特点的人格特质测查题,对四、五、六年级 174 名学生从五个方面进行测查:活动性(好动而精力旺盛,喜欢各种身体活动),社交性(乐于同人交往,喜欢社会性活动),冒险性(喜欢冒险活动),表露性(情绪表露在外,喜欢表现自己),责任感(认真谨慎,稳重可靠,责任心强)等,一般是高分者记为外向,低分者记为内向,责任感记分方法与之相反。从图 6.7、图 6.8、图 6.9 来看,在外向性目标中,除四年级在活动性,社交性;五年级在活动性上外向人数的百分比较小外,其余项目外向人数的百分比都较大。在责任感方面,内向人数的百分比普遍较大。儿童的一些人格特质整体朝着我们所预期的目标方向发展。

(三)儿童的创造个性得到良好发展

根据美国心理学家托兰斯研究结果编制的创造个性自我测定题测试发现:儿童的人格特质得到良好发展,促进了儿童创造个性的发展。从表 6.9 中可以看出,三个年级段被测试的学生中,在"好"、"很好"等次上人数较多,在"差"等次上的人数很少。

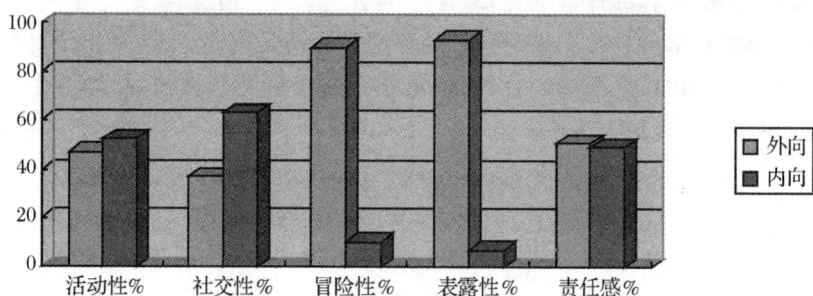

图 6.7 四年级人格特质测评结果

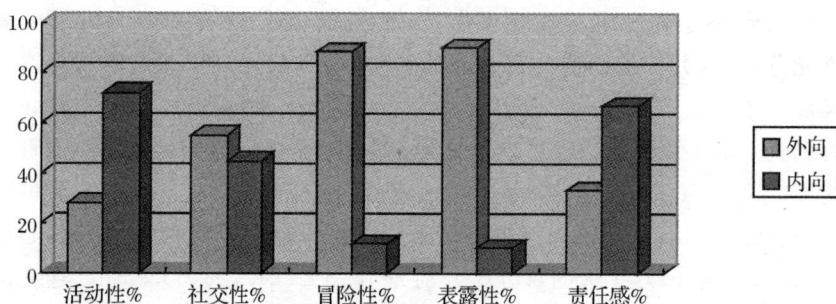

图 6.8 五年级人格特质测评结果

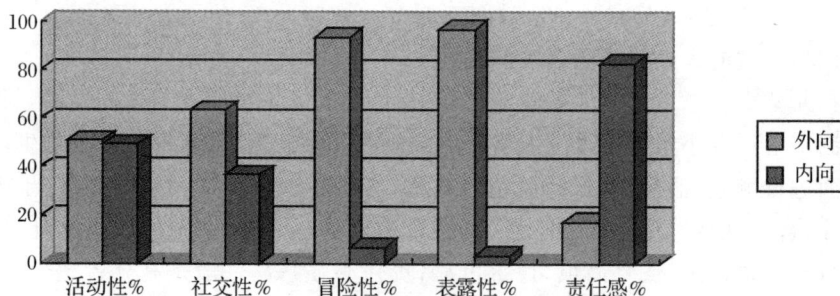

图 6.9 六年级人格特质测评结果

表 6.9 学生创造个性自我评定结果

年段	项目	差	一般	好	很好	合计
四年级	人数	7	17	28	5	57
	％	12.3	29.8	49.1	8.8	100
五年级	人数	4	26	23	7	60
	％	6.7	43.3	38.3	11.7	100

续表

年段	项目	差	一般	好	很好	合计
六年级	人数	4	17	28	8	57
	%	7	29.8	49.1	14.1	100

(四)儿童表现学习模式得到有效建立

"表现学习"行动研究的结果,形成了儿童自主表现、合作、探究的个性化学习-小学生表现学习模式。儿童创新人格发展的一个重要方面是,应该具有自主发展和个性化成长的能力。这种自主发展和个性化成长应该显现在小学生学习的全过程之中。而"表现学习"正是从学生学习的全过程,获取、释义、生成、表现、评价构成一个表现环;从学习的广泛领域,不仅是知识与技能的吸收和掌握,过程与方法经历与体验,更是情感态度与价值观的内化与发展;从学习的全时空,课内与课外相结合,校内与校外相整合;从学习的评价制度,形成性评价与总结性评价相结合,自评与他评相结合,肯定成绩与反思完善相结合;这几个层面研究、实践、建构小学生表现学习模式。

(五)教师专业化素质与水平得到有效提高

通过行动研究,我们探索并形成了一条有效提高教师专业化素质与水平的成功路子。教师怎样发现与确定在教育教学过程中碰到困惑和急需解决的问题,如何与专家深度合作探究,怎样自觉提高自己的科研意识,不断反思、改进、总结、提高自己的教育教学能力与水平,以促进自身的专业化发展。特别是近几年来,课题研究系列成果的公开发表,激发了全体教师参与教育科研的主动性、积极性和创造性,促进了一批优秀教师的成长。

(六)学校办学的特色得到有效凸显

近年来,通过课题行动研究,学校在原有基础上有了进一步的发展和提高,学校形成了鲜明的办学特色。由于"表现学习"目标体系的构建,课堂教学结构的重构,表现活动的实践,学校处处成为表现之地,时时成为表现之时,人人成为表现之人。倡导表现,落实表现,以表现来展示自我,获取知识,内化素质,提高修养,已成为学生、教师和学校领导的自觉行为。一种重视表现,通过表现来交往、沟通的校园人际关系也初步形成。在此基础上,学校明确提出新的办学理念:表现学习,挖掘潜能,实现自我,共同发展。

二、研究的结论与反思

基于上述行动研究成效的分析,我们可以看出,在课堂学习、课外与班队活动以及评价等领域实施表现学习,有效地促进了小学生创新人格的发展。学生表现的意愿和表现的能力得到显著提高,创新人格及特质得到良好发展。

通过行动研究,以"情知一体、内外转化"为核心的表现学习策略,或者说表现学习模式及其实施的操作体系基本得到确立;教师的科研意识与科研能力得到有效的提高;在表现学习与活动中,学校的教育教学以及文化特色逐步彰显出来。行动研究取得了明显成效,达到了预期目标。但是,我们也清楚地意识到,仍有一些问题需要进一步研究探讨。

(一)研究的求真问题

小学生表现学习行动研究的介入措施是整体的、综合性的,围绕"创设环境、选择策略、提供保障"总体指导框架,在课内外把表现学习的理念与策略落到实处,总体上改进了学校的教育教学工作、促进了小学生创新人格的发展、取得了预期的行动成效。但是进一步的归因分析以及可重复验证等求真问题仍是一个值得教育行动研究者深入思考与探讨的问题。

(二)表现学习操作问题

表现学习教学的操作如何更加切合我国中小学日常教学情境和课程与教学文化,特别是在我国考试评价制度、课堂注重训练的背景下,如何以学生的"表现"为中心,设计与实施表现学习,促进学生个性以及创新人格的发展。例如,问题与任务的创意与设计、信息的有效获取与释义、表现模型的创造性生成与展示、表现结果的有效评价与反思等环节,仍需要深化研究,使表现学习常态化。

(三)教师观念转变问题

教师的教学观念是教师教学行为的先导。实施表现学习首先需要教师转变传统的教学观念,树立与表现学习相适应的教学观念,如学生观、课程观、教学观、学习观、评价观、发展观等。在行动研究过程中,我们十分注意教师教学观念转变的问题,开展了一些针对性的培训以及实践措施,取得了一定的成效。但是,我们也看到,观念的转变是一个十分复杂、反复的过程,不是一撮而就的,特别是在长期"应试教育"传统观念的影响下,新的教学观念及教学模式、方法的改革需要有一个长期的、逐渐的、持续的改变过程,不可以急功近利、毕其功于一役。

(四)研究成果推广问题

表现学习行动研究虽然说在富春三小一所小学取得了明显成效、达到了预期的目标,但是我们自己也在思考如何推广我们的研究成果、推广什么样的研究成果、向谁推广研究成果等一系列问题。毕竟,我国教育教学研究成果多、推广少、推广难,是一个普遍存在的问题。近30年来,我国教育教学研究成果数以万计,但真正能推广、得到推广,而且为广大一线教师所接受的研究成果寥若晨星、屈指可数。根据我国中小学教师工作的传统以及实际,表现学习行动研究成果要能够得到有效的推广,还必须与中小学教材的设计、教案的设计以及学生作业设计与考试评价设计等改革结合起来,产生与之相配套的改革成果与产品,才能便于一线教师采纳与运用,才能有利于行动研究成果的大大推广。

第七章 结　　语

　　其生有涯,其知无涯。近几年来我们有兴趣并致力于表现学习的研究,既立足我国中小学教育教学的实际,又不断追踪国际教育教学改革的最新成果;既关注课程与教学理论发展的历史背景,又密切关注课程与教学理论发展的最新态势;既追求理论的创新性,又追求实际的可行性、可操作性;建构了表现学习的理论与实践操作的框架体系,同时,在基层学校开展了为期 3 年的行动研究,研究结果表明,行动达到了预期研究目标。在研究过程中,我们在理论与实践方面的素养也得到进一步的提升,彰显了个人的研究风格与特色。

　　结合我国新一轮基础教育课程改革实际,我们有如下几点思考:

　　(一)"表现学习"与学生创新人格发展

　　行动研究的结果表明:"表现学习"促进了小学生创新人格特征,如好奇心、表现欲、独立性、开拓性、责任心、合作性等得到了良好的发展,"表现学习"是发展小学生创新人格的重要现实途径。

　　通过表现学习的行动研究,儿童的创新人格得到发展,但还很难作一定的归因分析,因为小学生创新人格的发展尚处在发生期、启蒙期,没有定型。我们是在定量与定性的基础上进行描述,同时这也是教育研究的一种趋势,现在更关注研究中的人文关怀,重视"质的研究",我们在研究中对一些繁琐的数据分析、实验班对比班的设置等逐渐淡化,主要从听课、活动跟踪、座谈、自我反思等途径了解学生的情况,我们收集了大量说明儿童创新人格发展的事实和例子,有待进一步分析探讨与发展。

　　而且创新人格的发展涉及方方面面,我们所分析的几方面人格特质只是部分表征,"表现学习"也只是发展小学生创新人格的一个重要切口。创新人格的形成是一个长期的、多方面的复杂过程,需要我们全身心投入,全方位关注。

　　(二)"表现学习"研究与校本教科研活动

　　校本教科研如何开展,过去我们只停留在写写论文、听听讲座的层面上,通过"表现学习"课题研究,我们又一次探索并实践了一条校本科研的成功路子。

　　我们发现,"表现学习"行动研究具有以下特征:课题来自本校实际与前沿理论的有效结合,是学校在教育教学过程中碰到困惑的问题和急需解决的问题;课题研究得到专家的指导,而且是与专家不断展开对话的过程;行动的开展依赖于一线教师和专家的深度合作探究,是一种理论与实践不断结合与提升的活动过程,是不断反思、改进、总结、提高的过程;课题实施充分凸显了"校长"的核心作用,"校长"是组织者、支持者、身体力行者。这些特征表明"表现学习"行动研究是典型的校本教科研活动,它以课题研究为载体,以改进学校实际问题、提高教师素质、提升学生素养为宗旨。

但这种课题研究式校本科研仍有许多局限性,课题是否具有研究价值、专家能否经常性指导、教师能否自觉研究、能否主动合作等,都会影响研究活动的效果。特别是活动组织的科学建构十分重要,不能只是一个课题、几个人研究研究写个论文就完事,要充分发挥每个参与教师以及学科教研组的作用,这是校本教科研由权威走向基础的立脚点。

(三)"表现学习"研究与学校特色发展

行动研究的目的不仅是为了取得预期成果,更重要的是为了解决教育教学中存在的问题,促进学生、教师、学校的整体发展。通过"表现学习"行动研究,学校在各个方面取得了较大提高。虽然,仅仅靠开展一个课题研究就指望整体促进学校的发展,这是有难度的。毕竟,一个课题所包含的内容是有限的,研究的时间也是短暂的。但是,如果方向找准了,并能"咬定青山不放松",那么,一个有特色的课题就是一个有特色的学校、就是一个有活力的学校。"学会表现"课题应该说建立了一个较大的研究范围,校内、校外、家庭、社会等都有所涉及,但这几年我们的重心还是落脚在课堂教学和校园活动两个方面,其他方面还只是开展了一些常规性的研究。所以,我们认为,"学会表现"课题的研究还应该继续深入,必须坚持不懈地抓好。于学校而言,一个好的课题,有针对性、有促进作用的课题,不能做一阶段就丢弃,而是要引领教师在同一个课题下连续不断地研究,才可以使学校在这一方面形成更为显著的特色。

(四)"表现学习"研究与新课程改革

"表现学习"研究应该说是和新课改在实验区的实践同步推开,所以课题研究中形成和采用的许多理念与新课改倡导的理念完全一致,如表现学习方式与"自主、合作、探究"学习方式,"学会表现"评价方式与表现性评价,表现性活动与综合实践活动等,它们有效地落实和促进了新课程改革的进程。可以这么说,表现性课堂就是新课程的课堂,表现学习就是新课程的学习,表现性学校就是新课程的学校,表现学习的研究就是新课程的校本教研,表现学习理论与实践的完善与发展就是教师的专业成长与发展。

表现学习特别重视转变教师的角色,理顺学与教的关系。强调教师从以往单一的教师表现转到更多地让学生表现或师生共同表现,强调教师从知识的权威者、裁判者、供应者转变到学习的促进者、合作者和心理环境的调适者。表现学习将学习过程定位于学习者自主内化和外化的过程,而教学过程则成为支撑架和协同场。教不再代替学;学也不再一味地依赖教,而是形成一种内外条件共同促进学习者的发展。由于教师角色的转换和教学行为的更新,课题组的教师与新课程改革接轨很快,教师普遍认为新课程倡导的许多理念,我们都有所认识;许多新举措,我们已在贯彻实施。在杭州市教科所组织的新课程实施准备情况调查中,课题组教师显示出较高的水平,对学习方式变革和教学观念转变有深刻的理解。

我们知道,提高教师素质是落实新课改的重要抓手,也是课程改革成功与否的关键因素。而"表现学习"行动研究促进了教师实施新课改的自觉性与水平。当然,新课程的实施对教师的要求很高,虽然"表现学习"课题研究使教师领先一步接受了一些新理念,但还有较大差距存在,特别是教学行为的真正转轨还须继续努力。因此,我们不能过于乐观,要以此为基础,积极投身到新课改的大潮中,争取有更大进步。

参考文献

一、中文文献

1. 布鲁纳. 教育过程再探[J]. 邵瑞珍译. 教育研究,1978(1).

2. 包小红. 表现性课程的提出与实施[J]. 重庆教育,2002(1).

3. 边玉芳. 课堂展示性评价:学生学习评定的新探索[J]. 教育发展研究,2004(5).

4. 白智敏. 我爱我家[J]. 人民教育,2004(13-14).

5. 陈会昌. 苏联心理学界对活动理论的近期讨论[J]. 心理学报,1986(2).

6. Christensen, Hanson & Moore. (1987). Teaching and the case method: Instructor's guide. Boston: Harvard Bussiness School. 引自 H. 舒尔曼主编,郅庭瑾主译. 教师教育中的案例教学法[M]. 上海:华东师范大学出版社,2007.

7. 蔡俊. 试析学生实验的表现性评定[J]. 教育评价研究,2004(5).

8. 陈建翔等著. 新教育:为学习服务[M]. 北京:教育科学出版社,2002.

9. 程淑华,余慧娟,赖配根. 课堂教学如何实现三维目标[J]. 人民教育,2002(7).

10. 陈佑清. 交往学习论[J]. 高等教育研究,2005(2).

11. 陈佑清. 关于苏霍姆林斯基论学生表现问题的分析[J]. 湖北大学学报(哲社版),1994(6).

12. 陈玉海. 表现学习:课程改革新理念的探索与实践[J]. 教学月刊(小学版),2003(7).

13. 程兆国. 活动表现评价在新课程中的应用[J]. 陕西教育科研,2003(1).

14. 丁安廉、和学新主编. 主体性教育的教学策略探索[M]. 天津:天津社会科学院出版社,2000.

15. 戴本博主编. 外国教育史(上)[M]. 北京:人民教育出版社,1990.

16. 杜郎口中学的教学改革之路[DB/OL]. http://ywjy. cersp. com/ kgxw/200610/985_7. html.

17. 杜威. 民主主义与教育[M]. 北京:人民教育出版社,1990.

18. 杜炫杰. 高中信息技术课程表现性评价活动支持系统研究[D]. 华南师范大学硕士论文.

19. E. C., Tolman Edward Chace 著,李维译. 动物和人的目的性行为[M]. 杭州:浙江教育出版社,1999.

20.符太胜,舒国宋.表现性评价:自主、合作、探究学习方式的选择[J].现代中小学教育,2004(10).

21.方展画.罗杰斯"学生为中心"教学理论述评[M].北京:教育科学出版社,1990.

22.高文.建构主义学习的特征[J].外国教育资料,1999(1).

23.郭元祥.综合实践活动课程设计与实施[M].北京:首都师范大学出版社,2002.

24.华东师范大学教育系,杭州大学教育系编译.现代西方资产阶级教育思想流派论著选[M].北京:人民教育出版社,1980.

25.赫尔巴特著,李其龙译.普通教育学·教育学讲授纲要[M].北京:人民教育出版社,1989.

26.[荷]Jeroen J. G. van Merrienboer, Marcel B. M. decrook.基于业绩表现:系统设计复杂学习的十大步骤[J].程景利译,盛群力校.远程教育杂志,2003(6).

27.胡江霞.论自我表现的时代意义及对表现力的培养[J].教育研究,2001(10).

28.胡近勇.关注学生的生活世界[J].小学自然教学,2002(7-8).

29.后现代主义视野中的教育[DB/OL].www.cmedu.com,2006.

30.胡小萍.表现性评价的设计与实施[J].江西教育,2004(23).

31.教育部《基础教育课程改革纲要(试行)》.2001.

32.靳玉乐主编.自主学习[M].成都:四川教育出版社,2005.

33.夸美纽斯.泛智学校[A].张焕庭.西方资产阶级教育论著选[C].北京:人民教育出版社,1964.

34.夸美纽斯著,傅任敢译.大教学论[M].北京:人民教育出版社,1984.

35.刘辉,金露.表现性评价方法在小学语文课程评价中的应用[J].中小学教师培训,2004(4).

36.联合国教科文21世纪教育委员会.学习——内在的财富[M].北京:教育科学出版社,1998.

37.刘放桐等编著.新编现代西方哲学[M].北京:人民出版社,2000.

38.李建平.小学儿童创新人格发展的现状研究[J].学科教育(京),2000(2).

39.李吉林.为全面提高儿童素质探索一条有效途径——从情境教学到情境教育的探索与思考[J].教育研究,1997(3-4).

40.林立等.任务型学习在英语教学中的应用[M].北京:首都师范大学出版社,2005.

41.李庆明著.李吉林与情境教育[M].北京:中国青年出版社,2001.

42.刘儒德.建构主义:知识观、学习观、教学观[J].人民教育,2005(17).

43.刘淑杰,王静茹.一种可借鉴的评价方法——表现性评定与档案袋评定的结合[J].吉林教育科学·普教研究,2001(2).

44.卢梭.爱弥尔[M].北京:商务印书馆,1978.

45.李烁,荣芳.表现性评定在信息技术课程中的应用探讨[J].中国远程教育,2002(8).

46.刘淑杰、王静茹.一种可借鉴的评价方法——表现性评定与档案袋评定的结合[J].吉林教育科学(普教研究),2001(2).

47.卢雪梅.实作评量的应许、难题和挑战[J].台湾《教育资料与研究》,1998(1).

48.李沂.从活动到交往[J].心理学报,1982(1).

49.李永君,张向众.新课程评价中的表现性评定[J].教育发展研究,2002(12).

50.雷彦兴,李香山.电子档案袋的开发——为表现性评定插上技术的翅膀[J].外国中小学教育,2003(4).

51.Margaret E. Ggredler原著,吴幸宜译.学习理论与教学应用。台北:心理出版社.

52.[美]比尔·约翰逊著.学生表现评定手册-场地设计和前景指南[M].李雁冰主译.上海:华东师范大学出版社,2001.

53.[美]普汶著.郑慧玲译.人格心理学[M].台北:台湾桂冠图书公司,1984.

54.[美]Peggy A. Ertmer, Timothy J. Newby著,盛群力译.行为主义、认知主义和建构主义(上)——从教学设计的视角比较其关键特征[J].电化教育研究,2004(3).

55.[美]Linda Torp,Sara Sage著,刘孝群等译.基于问题的学习——让学习变得轻松而有趣[M].北京:中国轻工业出版社,2004.

56.[美]Linda Campbell等著.多元智能学与教的策略——发现每一个孩子的天赋[M].王成全译.北京:中国轻工业出版社,2001.

57.[美]Sally Berman著,夏慧贤等译.多元智能与项目学习——活动设计指导[M].北京:中国轻工业出版社,2004.

58.[美]Sally Berman著.多元智能与项目学习——活动设计指导[M].夏惠贤等译.北京:中国轻工业出版社,2004.

59.牟锡钊.给学生表现的机会[J].素质教育(人大复印资料),2004(3).

60.马云鹏.数学学习中的表现性评价[J].中小学青年教师,2003(4).

61.马云鹏.数学学习中的表现性评价[J].小学青年教师,2003(4).

62. 皮连生. 学与教的心理学[M]. 上海：华东师范大学出版社，1997.

63. 邱学华，苏春景编著. 邱学华与尝试教学法[M]. 北京：中国青年出版社，2001.

64. 钱玉华. 为幼儿主动学习自由表现搭建展示的平台[J]. 德阳教育学院学报，2004(9).

65. [瑞士]皮亚杰. 发生认识论原理[M]. 胡世襄译. 北京：商务印书馆，1997.

66. 孙惠芳. 让学生的表现欲望无限舒张——我教《詹天佑》[N]. 中国教师报，2003-08-05.

67. 苏霍姆林斯基. 怎样培养真正的人[M]. 北京：教育科学出版社，1992.

68. 沈建民，谢利民. 以学生为本：现代课堂教学设计的基本理念[J]. 教育理论与实践，2002(8).

69. 盛群力，肖龙海等. 论倡导学会表现[J]. 课程·教材· 教法，2001(9).

70. 盛群力等. 教学设计[M]. 北京：高等教育出版社，2005.

71. 史清敏等. 小学生课堂自我表现与自我概念、学业成绩的关系探析[J]. 上海教育科研，2004(5).

72. 邵瑞珍等. 教育心理学(修订本)[M]. 上海：上海教育出版社，1997.

73. 孙伟良. 科学探究活动中强化表现的若干策略[J]. 教学月刊，2003(7).

74. 孙伟良. 应在什么地方展开[J]. 科学课，2003(6).

75. 孙伟良. 注重探究活动中的思维发展[J]. 科学课，2003(12).

76. 苏立军，商静儿. 在表现性学习中改变学生的学习方式[J]. 当代教育科学，2004(18).

77. 田本娜主编. 外国教学思想史[M]. 北京：人民教育出版社，1994.

78. 佟丽君. 略论青少年的表现欲[J]. 北方论丛，1996(5).

79. 唐森. 如何激发学生在英语教学中的表现欲[J]. 宁夏教育，2004(11).

80. 王斌兴. 论新课程实施中学生表现性评价[J]. 教育探索，2005(7).

81. 王大顺. 学习理论的发展及其对教学的影响[J]. 教育理论与实践，2006(22).

82. 维果茨基教育论著选[C]. 北京：人民教育出版社，1994.

83. 王崧舟. 天地一堂课——《相约拱宸桥》课堂实录与解读[J]. 人民教育，2004(13－14).

84. 魏婷. 以评价促进学生发展——信息技术课程中表现性评定应用研究[D]. 南京师范大学硕士论文.

85. 吴式颖等. 外国教育史教程[M]. 北京：人民教育出版社，1999.

86. 王少非. 建构主义教学观简论[J]. 教学月刊，2002(7).

87. 魏星. 建构开放的课堂——清平乐. 村居教学设计[J]. 人民教育，2004(13

—14).

88.王小明.表现性评价:一种高级学习的评价方法[J].全球教育展望,2003 (11).

89.伍岳、陈晓玲.表现性评价及其实施略[J].江西教育,2005(12).

90.魏永红著.任务型外语教学研究[M].上海:华东师范大学出版社,2004.

91.王燕春、张咏梅.表现性评定的利弊及启示[J].教育科学研究,2004(3).

92.王燕春、张咏梅.表现性评定的利弊及启示[J].教育科学研究,2001(3).

93.文喆.关于教学设计的若干思考[J].人民教育,2003(13—14).

94.肖龙海等.表现性课堂教学:特征、结构与策略[J].全球教育展望,2004 (5).

95.肖龙海.论表现性学习的结构[J].课程·教材·教法,2004(6).

96.肖龙海等.从教案到菜单:师生共同开发学习活动[J].教育科学研究, 2004(6).

97.肖龙海.论表现性学习的理念[J].课程·教材·教法,2006(2).

98.肖龙海.儿童是天生的表现者——结合小学语文教学谈表现性学习[J]. 基础教育,2005(4).

99.肖龙海等.在表现性学习中促进学困生的转化与发展[J].教育科学研究 2006(9).

100.肖龙海.小学生表现性学习探索[M].北京:科学出版社,2005.

101.肖龙海.学与教的新策略[M].杭州:浙江大学出版社,2006.

102.学生要有表现自己的欲望[N].中国妇女报,2003-04-09.

103.夏雄峰.运用表现性评价促进语文综合性学习[J].福建教育,2003 (12A).

104.杨东主编.新课程教学基本策略[M].北京:开明出版社,2005.

105.岳广兰.运用学习的表现欲提高舞蹈课的教学质量[J].中国体育教学, 2003(1).

106.约翰·布鲁德斯·华生(John Broadus Watson)著,李维译.行为主义 [M].杭州:浙江教育出版社,1998.

107.杨琳.小学数学表现性评定开发的行动研究[D].东北师范大学硕士 论文.

108.余淑芳.运用网络技术对学生进行表现性评价[J].教育信息技术,2003 (6).

109.余文森.有效教学绕不开的三条规律[N].中国教育报 2008-12-12.

110.袁中和.自圆其说的表现性评定初探——中考命题改革的思考与实践 [J].物理教学,2002(10).

111.杨再隋.新课标,新理念,新策略[J].小学教学研究,2002(7).

112.赵德成.表现性测验及其在中小学课堂评价中的应用[J].语文建设,2002(11).

113.中共中央国务院《关于深化教育改革全面推进素质教育的决定》.中发[1999]9.

114.张焕庭.西方资产阶级教育论著选[M].北京:人民教育出版社,1964.

115.张焕庭.西方资产阶级教育论著选[M].北京:人民教育出版社,1979.

116.赵连城.表现欲与数学学习[J].数学教师.1996(4).

117.张萍.大卫·雷·格里芬的建设性后现代主义思想研究[J].吉林师范大学学报(人文社会科学版),2004(05).

118.赵强.用表现学习活动提升物理课堂的品质[J].物理教学探讨,2006(1).

119.周思源.表现欲与表现机制[J].北京师范大学学报.1993(6).

120.郑葳著.学习共同体——文化生态学习环境的理想架构[M].北京:教育科学出版社,2007.

121.赵祥麟,王承绪编译.杜威教育论著选[M].上海:华东师大出版社,1981.

122.张勇,付方方.美国密苏里州的教育目标:知识+表现=成功[J].基础教育参考,2004(1-2).

123.钟启泉.解读中国教育[M].北京:教育科学出版社,2000.

124.钟启泉.社会建构主义:在对话与合作中学习[J].上海教育,2001(7).

125.钟启泉.研究性学习:"课程文化"的革命[J].教育研究,2003(5).

126.张咏梅,孟庆茂.表现性评定及其相关问题[J].教育理论与实践,2002(7).

127.张咏梅.表现性评定及其对数学自我效能感、数学问题解决能力的影响[D].北京师范大学博士论文.

128.张振新,吴庆麟.情境学习理论研究综述[J].心理科学,(1).

二、外文文献

1. Alexander W P. Intelligence concrete and abstract. British Journal of Psychology Supplementary,1935

2. Brenda Mergel(1998). Instructional Design & Learning Theory. http://www. usask. ca/ education/ coursework/802papers/mergel/brenda. htm.

3. Bronfenbrenner U. Toward an Experimental Ecology of Human Development. American Psychologist,1997

4. Burz, H. L. et al. Performance-based Curriculum for Social Studies —

From Knowing to Showing. Thousand Oaks, Calif. :Corwin Press,1998

5. Burz. H. l. et. al. Performance-based Curriculum for Language Arts-From Knowing to Showing. Thousand Oaks, Calif. : Corwin Press,1998

6. Burz. H. l. et. al. Performance-based Curriculum for Music and the Visual Arts-From Knowing to Showing. Thousand Oaks, Calif. : Corwin Press,1998

7. Burz. H. l. et. al. Performance-based Curriculum for Mathematics-From Knowing to Showing. Thousand Oaks, Calif. : Corwin Press,1998

8. Burz. H. l. et. al. Performance-based Curriculum for Science-From Knowing to Showing. Thousand Oaks, Calif. : Corwin Press,1998

9. Carnegie Task Force on Teaching as a Profession. A Nation Prepared: Teachers for the 21st Century. New York: Carnegie Forum on Education and E-conomy,Carnegie Corparation,1980

10. Cody, Wilmer S. Designing an Effective Performance Task for the Classroom. English Teachers' Journal (Israel) n53 p15-23 Oct 2000. http://search. epnet. com/ login. aspx? direct＝true&db＝eric&an＝EJ618170&lang＝zh-cn.

11. Colorado Depaetment of Education. (1986). Performance-based assessment resource guide. Denver. CO: Auther.

12. Complete Guide to Performance-Based Learning. www. tensigma. org/ product/ pbl. html.

13. D'Orio, Amy:Making Performance-Based Learning Work. District Administration; Feb2002, Vol. 38 Issue 2, p16, 2p, 1 map, 4c. http://search. epnet. com/ login. aspx? direct＝true&db＝aph&an＝5988478&lang＝zh-cn

14. Good, T. L. , Brophy, J. E. Educational psychology: A realistic approach. (4th ed.). White Plains, NY: Longman,1990,pp. 187.

15. Helen L. Burz. Performance-based Curriculum Kit. Thousand Oaks, Calif. :Corwin Press,2004

16. http://www. chinaethics. org/chinese/Article/ShowArticle. asp? ArticleID＝298.

17. Human Performance-Performance-Based Learning. www. focusedmanagement. com/ human ＿ performance/perf ＿ learning/middle/perf ＿ b ＿ learning. htm.

18. Jane Willis. Framework for Task-Based Learning. Longman,1996

19. Jonassen, D. H. Evaluating Constructivistic Learning. In: T. M. Duffy&D. H. Jonassen(eds.), Construtivism and Technology of Instruction:A Conversation. Lawrence Erlbaum Associates, Inc,1991

20. Kathleen A. Butler, Ph. D. and Anje Thompson, Performance-Based Learning with Style.

21. K. Michael Hibbard, Performance Based Learning and Assessment in Middle School Science, Eye on Education, Incorporated (January 2000).

22. K. Michael et al. A Teacher's Guide to Performance-Based Learning and Assessment. shop. ascd. org/productdisplay. cfm? productid=196021.

23. Linda Van Wagenen (Ed), A Teacher's Guide to Performance-Based Learning and Assessment, Association for Supervision & Curriculum Deve (April 15, 1996).

24. Martin Dougiamas. A journey into Constructivism. http://dougiamas. com/writing/ constructivism. html. 1998. 12.

25. Martin Dougiamas, A journey into Constructivism, November, 1998. http://dougiamas. com/writing/ constructivism. html.

26. Making performance-based learning work, www. districtadministration. com.

27. Merriam, S. and Caffarella. Learning in Adulthood. A comprehensive guide, San Francisco: Jossey-Bass, 1991

28. Murphy, P. (ed.). Learners, Learning and Assessment, London: Paul Chapman, 1999

29. Norton, P. When Technology Meets the Subject-matter Disciplines on Education. Part one: Explaining the Computer as Metaphor. Educational Technology, 1992

30. Nunan, D. Designing Tasks for the communicative Classroom [M]. New York: Cambridge University Press, 1989

31. Peter F. Drucker. Management Challenges for the 21st Century, Harper Business, 1999

32. Performance-Based Learning: The Key to Success. www. certmag. com/ issues/ oct01/ feature_Durham. cfm.

33. Robert Ulich. Three Thousand Years of Educatioinal Wisdom, Harvard University Press, 1963

34. Rogers, A. (2003) What is the Difference? A new critique of adult learning and teaching, Leicester: NIACE. p. 27. http://www. infed. org/biblio/ b-learn. htm.

35. Ryle, Gilbert. The Concept of Mind . Chicago: The University of Chicago Press, 1949

36. Sally Berman，Performance-Based Learning for the Multiple Intelligences Classroom，Corwin(06-01-1999).

37. SCSC:Performance-Based Learning. mnscsc. org/pbl. html.

38. Smith，M. K. (1999) 'Learning theory'，the encyclopedia of informal education，www. infed. org/ biblio/b-learn. htm，Last update: September 03，2009.

39. Smith，M. K. (1999) 'Learning theory'，the encyclopedia of informal education，www. infed. org/biblio/b-learn. htm，Last update ：September 03，2009.

40. Smith，M. K. (1999) 'The social/situational orientation to learning'，the encyclopedia of informal education，www. infed. org/biblio/learning-social. htm，Last update.

41. Suzanne Lane、Clement A. Stone and Carol S. Parke，The Impact of a State Performance-Based Assessment and Accountability Program on Mathematics Instruction and Student Learning：Evidence From Survey Data and School Performance，Educational Assessment.

42. Wilson，B. G. (1997). Reflections on Constructivism and Instructional Design. Available at http://carbon. Cudenver. edu/～bwilson/construct. html.

图书在版编目（CIP）数据

表现学习研究 / 肖龙海著. —杭州:浙江大学出
版社,2012.7
ISBN 978-7-308-10224-7

Ⅰ.①表… Ⅱ.①肖… Ⅲ.①儿童心理学—教育心理
学—研究 Ⅳ.①G44

中国版本图书馆 CIP 数据核字（2012）第 146655 号

表现学习研究

肖龙海　著

责任编辑	徐素君	
封面设计	王波红	
出版发行	浙江大学出版社	
	（杭州市天目山路 148 号　邮政编码 310007）	
	（网址:http://www.zjupress.com）	
排　　版	杭州中大图文设计有限公司	
印　　刷	杭州日报报业集团盛元印务有限公司	
开　　本	710mm×1000mm　1/16	
印　　张	11	
字　　数	220 千	
版 印 次	2012 年 7 月第 1 版　2012 年 7 月第 1 次印刷	
书　　号	ISBN 978-7-308-10224-7	
定　　价	33.00 元	